Joseph Freiherr von Eichendorff

Schläft ein Lied in allen Dingen

Gedichte

Ausgewählt und herausgegeben von
Joseph Kiermeier-Debre

Deutscher Taschenbuch Verlag

Von Joseph Kiermeier-Debre sind im
Deutschen Taschenbuch Verlag erschienen:
Friedrich Schiller: Und das Schöne blüht nur im
Gesang. Gedichte, Balladen und Lieder (13270)
Goethe & Schiller: Die Balladen (13512)
Klabund: Das Leben lebt. Gedichte (20641)

Originalausgabe
Oktober 2007
Deutscher Taschenbuch Verlag GmbH & Co. KG,
München
www.dtv.de
© Deutscher Taschenbuch Verlag, München
Umschlagkonzept: Balk & Brumshagen
Umschlagbild: Corbis/Historical Picture
Archive/Philip de Bay
Gesetzt aus der Bembo
Satz: Karlheinz Hülser, Konstanz
Druck und Bindung: C. H. Beck'sche Buchdruckerei, Nördlingen
Gedruckt auf säurefreiem, chlorfrei gebleichtem Papier
Printed in Germany · ISBN 978-3-423-13600-6

INHALT

PROLOG

Viele Boten geh'n und gingen
Zwischen Erd' und Himmelslust,
Solchen Gruß kann keiner bringen,
Als ein Lied aus frischer Brust.

Der Götter Irrfahrt.
(Nach einer Volkssage der Tonga-Inseln.)

I.

Unten endlos nichts als Wasser,
Droben Himmel still und weit,
Nur das Götterland, das blasse,
Lag in Meereseinsamkeit,
Wo auf farbenlosen Matten
Gipfel wie in Träumen steh'n,
Und Gestalten ohne Schatten
Ewig lautlos sich ergeh'n.

Zwischen grauen Wolken-Schweifen,
Die verschlafen Berg und Flut
Mit den langen Schleiern streifen,
Hoch der Göttervater ruht.
Heut zu fischen ihn gelüstet,
Und vom zack'gen Felsenhang
In des Meeres grüne Wüste
Senket er die Schnur zum Fang.

Sinnend sitzt er, und es flattern
Bart und Haar im Sturme weit,
Und die Zeit wird ihm so lange
In der stillen Ewigkeit.
Da fühlt er die Angel zucken:
»Ei, das ist ein schwerer Fisch!«
Freudig fängt er an zu rucken,
Stemmt sich, zieht und windet frisch.

Sieh, da hebt er Felsenspitzen
Langsam aus der Wasser Grund,
Und erschrocken aus den Ritzen
Schießen schupp'ge Schlangen bunt;
Ringelnd Ungethüm der Tiefen,
Die im öden Wogen-Haus
In der grünen Dämm'rung schliefen,
Stürzen sich in's Meer hinaus.

Doch der Vater hebt auf's neue,
Und Gebirge, Thal und Strand
Taucht allmälig auf in's Freie;

Und es grünt das junge Land,
Irrend farb'ge Lichter schweifen
Und von Blumen glänzt die Flur,
Wo des Vaters Blick' sie streifen –
Da zerreißt die Angelschnur.

Wie 'ne liebliche Syrene
Halb nun über'm Wellenglanz,
Staunend ob der eignen Schöne,
Schwebt es mit dem Blütenkranz,
Bei der Lüfte lindem Fächeln
Sich im Meer, das rosig brennt,
Spiegelnd mit verschämtem Lächeln –
Erde sie der Vater nennt.

2.

Staunend auf den Göttersitzen
Die Unsterblichen nun stehn,
Seh'n den Morgen drüben blitzen,
Fühlen Duft herüberweh'n,
Und so süßes Weh sie spüren,
Lösen leis ihr Schiff vom Strand,
Und die Lüfte sie verführen
Fern durch's Meer zum jungen Land.

O wie da die Quellen sprangen
In die tiefe Blütenpracht
Und Lianen dort sich schlangen
Glühend durch die Waldesnacht!
Und die Wandrer trunken lauschen,

Wo die Wasserfälle geh'n,
Bis sie in dem Frühlings-Rauschen
Plötzlich all' erschrocken steh'n:

Denn sie seh'n zum Erstenmale
Nun die Sonne niedergeh'n
Und verwundert Berg' und Thale
Tief im Abendrothe steh'n,
Und der schönste Gott von allen
Sank erbleichend in den Duft,
Denn dem Tode ist verfallen,
Wer geathmet ird'sche Luft.

Die Genossen faßt ein Grauen,
Und sie fahren weit in's Meer,
Nach des Vaters Haus sie schauen,
Doch sie finden's nimmermehr.
Mußten aus den Wogenwüsten
Ihrer Schiffe Schnäbel dreh'n
Wieder nach des Eilands Küsten,
Ach, das war so falsch und schön!

Und für immer da verschlagen
Blieben sie im fremden Land,
Hörten Nachts des Vaters Klagen
Oft noch fern vom Götterstrand. –
Und nun Kindeskinder müssen
Nach der Heimath seh'n in's Meer,
Und es kommt im Wind ein Grüßen,
Und sie wissen nicht woher.

MEIN GRÜNES VATERLAND

Vom Grund bis zu den Gipfeln,
So weit man sehen kann,
Jetzt blüht's in allen Wipfeln,
Nun geht das Wandern an:

Sänger-Fahrt.

Kühlrauschend unter'm hellen
Tiefblauen Himmelsdom
Treibt seine klaren Wellen
Der ew'gen Jugend Strom.

Viel rüstige Gesellen,
Den Argonauten gleich,
Sie fahren auf den Wellen
In's duft'ge Frühlingsreich.

Ich aber fass' den Becher,
Daß es durch's Schiff erklingt,
Am Mast steh' ich als Sprecher,
Der für euch alle singt.

Wie stehn wir hier so helle!
Wird mancher bald schlafen gehn,
O Leben, wie bist du schnelle,
O Leben, wie bist du schön!

Gegrüßt, du weite Runde,
Burg auf der Felsenwand,
Du Land voll großer Kunde,
Mein grünes Vaterland!

Euch möcht' ich alles geben,
Und ich bin fürstlich reich,
Mein Herzblut und mein Leben,
Ihr Brüder, alles für Euch!

So fahr't im Morgenschimmer!
Sei's Donau oder Rhein,
Ein rechter Strom bricht immer
In's ew'ge Meer hinein.

Allgemeines Wandern.

Vom Grund bis zu den Gipfeln,
So weit man sehen kann,
Jetzt blüht's in allen Wipfeln,
Nun geht das Wandern an:

Die Quellen von den Klüften,
Die Ström' auf grünem Plan,
Die Lerchen hoch in Lüften,
Der Dichter frisch voran.

Und die im Thal verderben
In trüber Sorgen Haft,
Er möcht' sie Alle werben
Zu dieser Wanderschaft.

Und von den Bergen nieder
Erschallt sein Lied in's Thal,
Und die zerstreuten Brüder
Faßt Heimweh allzumal.

Da wird die Welt so munter
Und nimmt die Reiseschuh,

Sein Liebchen mitten drunter
Die nickt ihm heimlich zu.

Und über Felsenwände
Und auf dem grünen Plan
Das wirrt und jauchzt ohn' Ende –
Nun geht das Wandern an!

Wann der Hahn kräht.

Wann der Hahn kräht auf dem Dache,
Putzt der Mond die Lampe aus,
Und die Stern' ziehn von der Wache,
Gott behüte Land und Haus!

Frühe.

Im Osten graut's, der Nebel fällt,
Wer weiß, wie bald sich's rühret!
Doch schwer im Schlaf noch ruht die Welt,
Von Allem nichts verspüret.

Nur eine frühe Lerche steigt,
Es hat ihr was geträumet
Vom Lichte, wenn noch Alles schweigt,
Das kaum die Höhen säumet.

Morgen.

Fliegt der erste Morgenstrahl
Durch das stille Nebelthal,
Rauscht erwachend Wald und Hügel:
Wer da fliegen kann, nimmt Flügel!

Und sein Hütlein in die Luft
Wirft der Mensch vor Lust und ruft:
Hat Gesang doch auch noch Schwingen,
Nun so will ich fröhlich singen!

Hinaus, o Mensch, weit in die Welt,
Bangt dir das Herz in krankem Muth
Nichts ist so trüb in Nacht gestellt,
Der Morgen leicht macht's wieder gut.

Morgengebet.

O wunderbares, tiefes Schweigen,
Wie einsam ist's noch auf der Welt!
Die Wälder nur sich leise neigen,
Als ging' der Herr durch's stille Feld.

Ich fühl' mich recht wie neu geschaffen,
Wo ist die Sorge nun und Noth?
Was mich noch gestern wollt' erschlaffen,
Ich schäm' mich deß im Morgenroth.

Die Welt mit ihrem Gram und Glücke
Will ich, ein Pilger frohbereit,
Betreten nur wie eine Brücke
Zu dir, Herr, über'n Strom der Zeit.

Und buhlt mein Lied, auf Weltgunst lauernd,
Um schnöden Sold der Eitelkeit:
Zerschlag' mein Saitenspiel und schauernd
Schweig' ich vor Dir in Ewigkeit.

Frühlingsgruß.

Es steht ein Berg in Feuer,
In feurigem Morgenbrand,
Und auf des Berges Spitze
Ein Tann'baum über'm Land.

Und auf dem höchsten Wipfel
Steh ich und schau vom Baum,
O Welt, Du schöne Welt, Du,
Man sieht Dich vor Blüten kaum!

Der frohe Wandersmann.

Wem Gott will rechte Gunst erweisen,
Den schickt er in die weite Welt,
Dem will er seine Wunder weisen
In Berg und Wald und Strom und Feld.

Die Trägen, die zu Hause liegen,
Erquicket nicht das Morgenroth,
Sie wissen nur von Kinderwiegen
Von Sorgen, Last und Noth um Brodt.

Die Bächlein von den Bergen springen,
Die Lerchen schwirren hoch vor Lust,
Was sollt' ich nicht mit ihnen singen
Aus voller Kehl' und frischer Brust?

Den lieben Gott laß ich nur walten;
Der Bächlein, Lerchen, Wald und Feld
Und Erd' und Himmel will erhalten,
Hat auch mein' Sach' auf's Best' bestellt!

Lustige Musikanten.

Der Wald, der Wald! daß Gott ihn grün erhalt',
Giebt gut Quartier und nimmt doch Nichts dafür.

Zum grünen Wald wir Herberg' halten,
Denn Hoffart ist nicht unser Ziel,
Im Wirthshaus, wo wir nicht bezahlten,
Es war der Ehre gar zu viel.
Der Wirth, er wollt' uns gar nicht lassen,
Sie ließen Kann' und Kartenspiel,
Die ganze Stadt war in den Gassen,
Und von den Bänken mit Gebraus
Stürzt' die Schule heraus,

Wuchs der Haufe von Haus zu Haus,
Schwenkt' die Mützen und jubelt' und wogt',
Der Hatschier, die Stadtwacht, der Bettelvogt,
Wie wenn ein Prinz zieht auf die Freit',
Gab Alles, Alles uns fürstlich Geleit.
Wir aber schlugen den Markt hinab
Uns durch die Leut' mit dem Wanderstab,
Und hoch mit dem Tamburin, daß es schallt', –

   Zum Wald, zum Wald, zum schönen, grünen Wald!

   Und da nun Alle schlafen gingen,
Der Wald steckt' seine Irrlicht' an,
Die Frösche tapfer Ständchen bringen,
Die Fledermaus schwirrt leis voran,
Und in dem Fluß auf feuchtem Steine
Gähnt laut der alte Wassermann,
Strält sich den Bart im Mondenscheine,
Und fragt ein Irrlicht, wer wir sind?
Das aber duckt sich geschwind;
Denn über ihn weg im Wind
Durch die Wipfel der wilde Jäger geht,
Und auf dem alten Thurm sich dreht
Und kräht der Wetterhahn uns nach:
Ob wir nicht einkehr'n unter sein Dach?
O Gockel, verfallen ist ja dein Haus,
Es sieht die Eule zum Fenster heraus,
Und aus allen Thoren rauschet der Wald.

   Der Wald, der Wald, der schöne, grüne Wald!

Und wenn wir müd' einst, sehn wir blinken
Eine goldne Stadt still über'm Land,
Am Thor Sankt Peter schon thut winken:
»Nur hier herein, Herr Musikant!«
Die Engel von den Zinnen fragen,
Und wie sie uns erst recht erkannt,
Sie gleich die silbernen Pauken schlagen,
Sankt Peter selbst die Becken schwenkt,
Und voll Geigen hängt
Der Himmel, Cäcilia an zu streichen fängt,
Dazwischen Hoch vivat! daß es prasselt und pufft,
Werfen die Andern vom Wall in die Luft
Sternschnuppen, Kometen,
Gar prächt'ge Raketen
Versengen Sankt Peter den Bart, daß er lacht,
Und wir ziehen heim, schöner Wald, gute Nacht!

Die Spielleute.

Frühmorgens durch die Klüfte
Wir blasen Victoria!
Eine Lerche fährt in die Lüfte:
»Die Spielleut' sind schon da!«
Da dehnt ein Thurm und reckt sich
Verschlafen im Morgengrau,
Wie aus dem Traume streckt sich
Der Strom durch die stille Au,
Und ihre Aeuglein balde
Thun auf die Bächlein all',

Im Wald, im grünen Walde
Das ist ein lust'ger Schall!

Das ist ein lust'ges Reisen,
Der Eichbaum kühl und frisch
Mit Schatten, wo wir speisen,
Deckt uns den grünen Tisch.
Zum Frühstück musiziren
Die muntern Vögelein,
Der Wald, wenn sie pausiren,
Stimmt wunderbar mit ein,
Die Wipfel thut er neigen,
Als gesegnet' er uns das Mahl,
Und zeigt uns zwischen den Zweigen
Tief unten das weite Thal.

Tief unten da ist ein Garten,
Da wohnt eine schöne Frau,
Wir können nicht lange warten,
Durch's Gitterthor wir schau'n,
Wo die weißen Statuen stehen,
Da ist's so still und kühl,
Die Wasserkünste gehen,
Der Flieder duftet schwül.
Wir ziehn vorbei und singen
In der stillen Morgenzeit,
Sie hört's im Traume klingen,
Wir aber sind schon weit.

Die Studenten.

Die Jäger zieh'n in grünen Wald
Und Reiter blitzend über's Feld,
Studenten durch die ganze Welt,
So weit der blaue Himmel wallt.

Der Frühling ist der Freudensaal,
Viel tausend Vöglein spielen auf,
Da schallt's im Wald bergab, bergauf:
Grüß' dich, mein Schatz, viel tausendmal!

Viel rüst'ge Bursche ritterlich,
Die fahren hier in Stromes Mitt',
Wie wilde sie auch stellen sich,
Trau' mir, mein Kind, und fürcht' dich nit!

Querüber über's Wasser glatt
Laß werben deine Aeugelein,
Und der dir wohlgefallen hat,
Der soll dein lieber Buhle sein.

Durch Nacht und Nebel schleich' ich sacht',
Kein Lichtlein brennt, kalt weht der Wind,
Riegl' auf, riegl' auf bei stiller Nacht,
Weil wir so jung beisammen sind!

Ade nun, Kind, und nicht geweint!
Schon gehen Stimmen da und dort,
Hoch über'n Wald Aurora scheint,
Und die Studenten reisen fort.

Wanderlied der Prager Studenten.

Nach Süden nun sich lenken
Die Vöglein allzumal,
Viel' Wandrer lustig schwenken
Die Hüt' im Morgenstrahl.
Das sind die Herrn Studenten,
Zum Thor hinaus es geht,
Auf ihren Instrumenten
Sie blasen zum Valet:
Ade in die Läng' und Breite
O Prag, wir ziehn in die Weite!
Et habeat bonam pacem,
Qui sedet post fornacem!

Nachts wir durch's Städtlein schweifen,
Die Fenster schimmern weit,
Am Fenster drehn und schleifen
Viel schön geputzte Leut'.
Wir blasen vor den Thüren
Und haben Durst genung,
Das kommt vom Musiciren,
Herr Wirth, einen frischen Trunk!
Und siehe über ein Kleines
Mit einer Kanne Weines
Venit ex sua domo –
Beatus ille homo!

Nun weht schon durch die Wälder
Der kalte Boreas,
Wir streichen durch die Felder,

Von Schnee und Regen naß,
Der Mantel fliegt im Winde,
Zerrissen sind die Schuh,
Da blasen wir geschwinde
Und singen noch dazu:
Beatus ille homo
Qui sedet in sua domo
Et sedet post fornacem
Et habet bonam pacem!

An der Gränze.

Die treuen Berg' steh'n auf der Wacht:
»Wer streicht bei stiller Morgenzeit
Da aus der Fremde durch die Haid'?« –
Ich aber mir die Berg' betracht'
Und lach' in mich vor großer Lust,
Und rufe recht aus frischer Brust
Parol und Feldgeschrei sogleich:
Vivat Oestreich!

Da kennt mich erst die ganze Rund,
Nun grüßen Bach und Vöglein zart
Und Wälder rings nach Landesart,
Die Donau blitzt aus tiefem Grund,
Der Stephansthurm auch ganz von fern
Guckt über'n Berg und säh' mich gern,
Und ist er's nicht, so kommt er doch gleich,
Vivat Oestreich!

Der Jäger.

Was Seegeln der Wünsche durch luftige Höh'!
Was bildendes Träumen im blühenden Klee!
Was Hoffen und Bangen, was Schmachten, was Weh!

Und rauscht nicht die Erde in Blüten und Duft?
Und schreitet nicht Hörnerklang kühn durch die Luft?
Und stürzet nicht jauchzend der Quell von der Kluft?

Drum jage Du frisch auch Dein flüchtiges Reh
Durch Wälder und Felder, durch Thäler und See,
Bis Dir es ermüdet in Armen vergeh'!

Der Jäger Abschied.

Wer hat dich du schöner Wald
Aufgebaut so hoch da droben?
Wohl den Meister will ich loben,
So lang noch mein' Stimm' erschallt.
Lebe wohl,
Lebe wohl, du schöner Wald!

Tief die Welt verworren schallt,
Oben einsam Rehe grasen,
Und wir ziehen fort und blasen,
Daß es tausendfach verhallt:
Lebe wohl,
Lebe wohl, du schöner Wald!

Banner, der so kühle wallt!
Unter Deinen grünen Wogen
Hast du treu uns auferzogen.
Frommer Sagen Aufenthalt!
Lebe wohl,
Lebe wohl, du schöner Wald!

Was wir still gelobt im Wald,
Wollen's draußen ehrlich halten,
Ewig bleiben treu die Alten:
Deutsch Panier, das rauschend wallt,
Lebe wohl!
Schirm' dich Gott, du schöner Wald!

Waffenstillstand der Nacht.

Windsgleich kommt der wilde Krieg geritten,
Durch das Grün der Tod ihm nachgeschritten,
Manch Gespenst steht sinnend auf dem Feld,
Und der Sommer schüttelt sich vor Grausen,
Läßt die Blätter, schließt die grünen Klausen,
Ab sich wendend von der blut'gen Welt.

Prächtig war die Nacht nun aufgegangen,
Hatte alle mütterlich umfangen,
Freund und Feind mit leisem Friedenskuß,
Und, als wollt' der Herr vom Himmel steigen,
Hört' ich wieder durch das tiefe Schweigen
Rings der Wälder feierlichen Gruß.

Abschied.

O Thäler weit, o Höhen,
O schöner grüner Wald,
Du meiner Lust und Wehen
Andächt'ger Aufenthalt!
Da draußen, stets betrogen,
Saus't die geschäft'ge Welt,
Schlag' noch einmal die Bogen
Um mich, du grünes Zelt!

Wenn es beginnt zu tagen,
Die Erde dampft und blinkt,
Die Vögel lustig schlagen,
Daß dir dein Herz erklingt:
Da mag vergehn, verwehen
Das trübe Erdenleid,
Da sollst du auferstehen
In junger Herrlichkeit!

Da steht im Wald geschrieben,
Ein stilles, ernstes Wort
Von rechtem Thun und Lieben,
Und was des Menschen Hort.
Ich habe treu gelesen
Die Worte schlicht und wahr,
Und durch mein ganzes Wesen
Ward's unaussprechlich klar.

Bald werd' ich dich verlassen,
Fremd in der Fremde geh'n,

Auf buntbewegten Gassen
Des Lebens Schauspiel sehn;
Und mitten in dem Leben
Wird deines Ernst's Gewalt
Mich Einsamen erheben,
So wird mein Herz nicht alt.

Rückkehr.

Wer steht hier draußen? – Macht auf geschwind!
Schon funkelt das Feld wie geschliffen,
Es ist der lustige Morgenwind,
Der kommt durch den Wald gepfiffen.

Ein Wandervöglein, die Wolken und ich,
Wir reis'ten um die Wette,
Und jedes dacht': nun spute dich,
Wir treffen sie noch im Bette!

Da sind wir nun, jetzt alle heraus,
Die drin noch Küsse tauschen!
Wir brechen sonst mit der Thür in's Haus:
Klang, Duft und Waldesrauschen.

Ich komme aus Italien fern
Und will Euch alles berichten,
Vom Berg Vesuv und Roma's Stern
Die alten Wundergeschichten.

Da singt eine Fey auf blauem Meer,
Die Myrthen trunken lauschen –
Mir aber gefällt doch nichts so sehr,
Als das deutsche Waldesrauschen!

FORT BIS IN'S HIMMELREICH

Andre haben andre Schwingen,
Aber wir, mein fröhlich Herz,
Wollen grad' hinauf uns singen,
Aus dem Frühling himmelwärts!

Frische Fahrt.

Laue Luft kommt blau geflossen,
Frühling, Frühling soll es seyn!
Waldwärts Hörnerklang geschossen,
Muth'ger Augen lichter Schein;
Und das Wirren bunt und bunter
Wird ein magisch wilder Fluß,
In die schöne Welt hinunter
Lockt dich dieses Stromes Gruß.

Und ich mag mich nicht bewahren!
Weit von Euch treibt mich der Wind,
Auf dem Strome will ich fahren,
Von dem Glanze selig blind!
Tausend Stimmen lockend schlagen,
Hoch Aurora flammend weht,
Fahre zu! ich mag nicht fragen,
Wo die Fahrt zu Ende geht!

Adler.

Steig' nur, Sonne,
Auf die Höh'n!
Schauer weh'n,
Und die Erde bebt vor Wonne.

Kühn nach Oben
Greift aus Nacht
Waldespracht,
Noch von Träumen kühl durchwoben.

Und vom hohen
Fels-Altar
Stürzt der Aar
Und versinkt in Morgenlohen.

Frischer Morgen!
Frisches Herz,
Himmelwärts!
Laß den Schlaf nun, laß die Sorgen!

Die Lerche.

Ich kann hier nicht singen,
Aus dieser Mauern dunklen Ringen
Muß ich mich schwingen
Vor Lust und tiefem Weh.
O Freude, in klarer Höh
Zu sinken und sich zu heben,
In Gesang
Ueber die grüne Erde dahin zu schweben,
Wie unten die licht' und dunkeln Streifen
Wechselnd im Fluge vorüberschweifen,
Aus der Tiefe ein Wirren und Rauschen und
                                    Hämmern,
Die Erde aufschimmernd im Frühlingsdämmern,
Wie ist die Welt so voller Klang!
Herz, was bist Du bang?
Mußt aufwärts dringen!
Die Sonne tritt hervor,

Wie glänzen mir Brust und Schwingen,
Wie still und weit ist's droben am Himmelsthor!

Die Sperlinge.

Altes Haus mit deinen Löchern,
Geiz'ger Bauer, nun Ade!
Sonne scheint, von allen Dächern
Tröpfelt lustig schon der Schnee,
Draußen auf dem Zaune munter
Wetzen unsre Schnäbel wir,
Durch die Hecken 'rauf und 'runter,
In dem Baume vor der Thür
Tummeln wir in hellen Haufen
Uns mit großem Kriegsgeschrei,
Um die Liebste uns zu raufen,
Denn der Winter ist vorbei!

Gedenk'.

Es ist kein Vöglein so gemein,
Es spürt geheime Schauer,
Wenn draußen streift der Sonnenschein
Vergoldend seinen Bauer.

Und du hast es vergessen fast
In deines Kerkers Spangen,
O Menschlein, daß du Flügel hast
Und daß du hier gefangen.

Das Mädchen.

Stand ein Mädchen an dem Fenster
Da es draußen Morgen war,
Kämmte sich die langen Haare,
Wusch sich ihre Aeuglein klar.

Sangen Vöglein aller Arten,
Sonnenschein spielt vor dem Haus,
Draußen über'm schönen Garten
Flogen Wolken weit hinaus.

Und sie dehnt' sich in den Morgen
Als ob sie noch schläfrig sei,
Ach, sie war so voller Sorgen,
Flocht ihr Haar und sang dabei:

Wie ein Vöglein hell und reine,
Ziehet draußen muntre Lieb',
Lockt hinaus zum Sonnenscheine,
Ach wer da zu Hause blieb'!

Mittagsruh.

Ueber Bergen, Fluß und Thalen,
Stiller Lust und tiefen Qualen
Webet heimlich, schillert, Strahlen!
Sinnend ruht des Tags Gewühle
In der dunkelblauen Schwüle,
Und die ewigen Gefühle,

Was dir selber unbewußt,
Treten heimlich, groß und leise
Aus der Wirrung fester Gleise,
Aus der unbewachten Brust,
In die stillen, weiten Kreise.

Wegweiser.

»Jetzt mußt du rechts dich schlagen,
Schleich' dort und lausche hier,
Dann schnell drauf los im Jagen –
So wird noch was aus dir.«

Dank'! doch durch's Weltgewimmel,
   Sagt mir, ihr weisen Herrn,
Wo geht der Weg zum Himmel?
   Das Eine wüßt' ich gern.

[Reise-Lied.]

Durch Feld und Buchenhallen,
Bald singend, bald fröhlich still,
Recht lustig sey vor allen
Wer's Reisen wählen will!

Wenn's kaum im Osten glühte,
Die Welt noch still und weit:
Da weht recht durch's Gemüthe
Die schöne Blüthenzeit!

Die Lerch' als Morgenbote
Sich in die Lüfte schwingt,
Eine frische Reisenote
Durch Wald und Herz erklingt.

O Lust, vom Berg zu schauen,
Weit über Wald und Strom,
Hoch über sich den blauen
Tiefklaren Himmelsdom!

Vom Berge Vöglein fliegen
Und Wolken so geschwind,
Gedanken überfliegen
Die Vögel und den Wind.

Die Wolken zieh'n hernieder,
Das Vöglein senkt sich gleich,
Gedanken gehn und Lieder
Fort bis in's Himmelreich.

Frühling.

Und wenn die Lerche hell anstimmt
Und Frühling rings bricht an:
Da schauert tief und Flügel nimmt,
Wer irgend fliegen kann.

Die Erde grüßt er hochbeglückt,
Die, eine junge Braut,

Mit Blumen wild und bunt geschmückt,
Tief in das Herz ihm schaut.

Den Himmel dann, das blaue Meer
Der Sehnsucht grüßt er treu,
Da stammen Lied und Sänger her
Und spüren's immer neu.

Die dunkeln Gründe säuseln kaum,
Sie schau'n so fremd herauf.
Tiefschauernd fühlt' er, 's war ein Traum –
Und wacht im Himmel auf.

Die Stille.

Es weiß und räth es doch Keiner,
Wie mir so wohl ist, so wohl!
Ach, wüßt' es nur Einer, nur Einer,
Kein Mensch es sonst wissen soll!

So still ist's nicht draußen im Schnee,
So stumm und verschwiegen sind
Die Sterne nicht in der Höhe,
Als meine Gedanken sind.

Ich wünscht' es wäre schon Morgen,
Da fliegen zwei Lerchen auf,
Die überfliegen einander,
Mein Herze folgt ihrem Lauf.

Ich wünscht', ich wäre ein Vöglein
Und zöge über das Meer,
Wohl über das Meer und weiter,
Bis daß ich im Himmel wär'!

Sonntag.

Weit in das Land die Ström' ihr Silber führen,
Fern blau Gebirge duftig hingezogen,
Die Sonne scheint, die Bäume sanft sich rühren,
Und Glockenklang kommt auf den linden Wogen;
Hoch in den Lüften Lerchen jubiliren,
Und, so weit klar sich wölbt des Himmels Bogen,
Von Arbeit ruht der Mensch rings in die Runde,
Athmet zum Herren auf aus Herzensgrunde.

Sonntag.

Die Nacht war kaum verblühet,
Nur eine Lerche sang
Die stille Luft entlang.
Wen grüßt sie schon so frühe?

Und draußen in dem Garten
Die Bäume über's Haus
Sah'n weit in's Land hinaus,
Als ob sie wen erwarten.

In festlichen Gewanden
Wie eine Kinderschaar,
Thauperlen in dem Haar,
Die Blumen alle standen.

Ich dacht': ihr kleinen Bräute,
Was schmückt ihr euch so sehr? –
Da blickt' die eine her:
»Still, still, 's ist Sonntag heute.«

»Schon klingen Morgenglocken,
Der liebe Gott nun bald
Geht durch den stillen Wald.« –
Da kniet' ich froherschrocken.

[Der Sänger.]

Ich reise über's grüne Land,
Der Winter ist vergangen,
Hab' um den Hals ein gülden Band,
Daran die Laute hangen.

Der Morgen thut ein'n rothen Schein,
Den recht mein Herze spüret,
Da greif ich in die Saiten ein,
Der liebe Gott mich führet.

So silbern geht der Ströme Lauf,
Fernüber schallt Geläute,

Die Seele ruft in sich: Glück auf!
Rings grüßen frohe Leute.

Mein Herz ist recht von Diamant,
Ein Blum' von Edelsteinen,
Die funkelt lustig über's Land
In tausend schönen Scheinen.

Vom Schlosse in die weite Welt
Schaut eine Jungfrau runter,
Der Liebste sie im Arme hält,
Die seh'n nach mir herunter.

Wie bist du schön! – Hinaus, im Wald
Gehn Wasser auf und unter,
Im grünen Wald sing' daß es schallt,
Mein Herz, bleib' frei und munter!

Die Sonne uns im Dunklen läßt,
Im Meere sich zu spülen,
Da ruh' ich aus vom Tages-Fest
Fromm in der rothen Kühle.

Hoch führet durch die stille Nacht
Der Mond die goldnen Schaafe,
Den Kreis der Erden Gott bewacht,
Wo ich tief unten schlafe.

Wie liegt all' falsche Pracht so weit!
Schlaf wohl auf stiller Erde,

Gott schütz' dein Herz in Ewigkeit,
Daß es nie traurig werde!

Glückwunsch.

Bricht der lustige Sonnenschein
Mit der Thür Euch in's Haus hinein,
Daß alle Stuben so frühlingshelle!
Ein Engel auf des Hauses Schwelle
Mit seinem Glanze säume
Hof, Garten, Feld und Bäume,
Und geht die Sonne Abends aus,
Führ' er die Müden mild nach Haus!

Frühlingsmarsch.

Hoch über euren Sorgen
Sah ich vom Berg in's Land
Voll tausend guter Morgen,
Die Welt in Blüten stand.

Was zag't ihr träg und blöde?
Was schön ist, wird doch Dein!
Die Welt thut nur so spröde
Und will erobert sein.

Laßt die Trompeten laden,
Durch's Land die Trommeln geh'n,

Es wimmeln Kammeraden,
Wo rechte Banner weh'n.

Wir zieh'n durch die Provinzen,
Da funkelt manches Schloß,
Schön Lieb, hol' Dich vom Zwinger
Und schwing' Dich mit auf's Roß!

Und wenn das Blühen endet:
Noch taumelnd sprengen wir,
Vom Abendroth geblendet,
In's letzte Nachtquartier.

Abendlandschaft.

Der Hirt bläst seine Weise,
Von fern ein Schuß noch fällt,
Die Wälder rauschen leise
Und Ströme tief im Feld.

Nur hinter jenem Hügel
Noch spielt der Abendschein –
O hätt' ich, hätt' ich Flügel,
Zu fliegen da hinein!

Mondnacht.

Es war, als hätt' der Himmel
Die Erde still geküßt,

Daß sie im Blüten-Schimmer
Von ihm nun träumen müßt'.

Die Luft ging durch die Felder,
Die Aehren wogten sacht,
Es rauschten leis die Wälder,
So sternklar war die Nacht.

Und meine Seele spannte
Weit ihre Flügel aus,
Flog durch die stillen Lande,
Als flöge sie nach Haus.

Wehmuth.

I.

Ich kann wohl manchmal singen,
Als ob ich fröhlich sey,
Doch heimlich Thränen dringen,
Da wird das Herz mir frei.

So lassen Nachtigallen,
Spielt draußen Frühlingsluft,
Der Sehnsucht Lied erschallen
Aus ihres Käfigs Gruft.

Da lauschen alle Herzen,
Und alles ist erfreut,
Doch keiner fühlt die Schmerzen,
Im Lied das tiefe Leid.

Sage mir mein Herz, was willst du?
Unstät schweift dein bunter Will';
Manches andre Herz wohl stillst du,
Nur du selbst wirst niemals still.

»Eben, wenn ich munter singe,
Um die Angst mir zu zerstreun,
Ruh' und Frieden manchen bringe,
Daß sich viele still erfreun:

Faßt mich erst recht tief Verlangen
Nach viel andrer beßrer Lust,
Die die Töne nicht erlangen —
Ach, wer sprengt die müde Brust?«

Es waren zwei junge Grafen
Verliebt bis in den Tod,
Die konnten nicht ruh'n noch schlafen
Bis an den Morgen roth.

O trau' den zwei Gesellen,
Mein Liebchen, nimmermehr,
Die geh'n wie Wind und Wellen,
Gott weiß: wohin, woher. —

Wir grüßen Land und Sterne
Mit wunderbarem Klang
Und wer uns spürt von Ferne,
Dem wird so wohl und bang.

Wir haben wohl hienieden
Kein Haus an keinem Ort,
Es reisen die Gedanken
Zur Heimath ewig fort.

Wie eines Stromes Dringen
Geht unser Lebenslauf,
Gesanges Macht und Ringen
Thut helle Augen auf.

Und Ufer, Wolkenflügel,
Die Liebe hoch und mild –
Es wird in diesem Spiegel
Die ganze Welt zum Bild.

Dich rührt die frische Helle,
Das Rauschen heimlich kühl,
Das lockt dich zu der Welle,
Weil's draußen leer und schwül.

Doch wolle nie dir halten
Der Bilder Wunderfest,
Todt wird ihr freies Walten,
Hältst du es weltlich fest.

Kein Bett darf er hier finden.
Wohl in den Thälern schön
Siehst du sein Gold sich winden,
Dann plötzlich Meerwärts dreh'n.

Die zwei Gesellen.

Es zogen zwei rüst'ge Gesellen
Zum ersten Mal von Haus,
So jubelnd recht in die hellen
Klingenden, singenden Wellen
Des vollen Frühlings hinaus.

Die strebten nach hohen Dingen,
Die wollten, trotz Lust und Schmerz,
Was Rechts in der Welt vollbringen,
Und wem sie vorüber gingen,
Dem lachten Sinnen und Herz. –

Der Erste, der fand ein Liebchen,
Die Schwieger kauft' Hof und Haus;
Der wiegte gar bald ein Bübchen,
Und sah aus heimlichem Stübchen
Behaglich in's Feld hinaus.

Dem Zweiten sangen und logen
Die tausend Stimmen im Grund,
Verlockend' Syrenen, und zogen
Ihn in der buhlenden Wogen
Farbig klingenden Schlund.

Und wie er auftaucht' vom Schlunde,
Da war er müde und alt,
Sein Schifflein das lag im Grunde,
So still war's rings in die Runde
Und über die Wasser weht's kalt.

Es singen und klingen die Wellen
Des Frühlings wohl über mir;
Und seh' ich so kecke Gesellen,
Die Thränen im Auge mir schwellen –
Ach Gott, führ' uns liebreich zu Dir!

Der Schalk.

Läuten kaum die Mayenglocken
Leise durch den lauen Wind,
Hebt ein Knabe froh erschrocken
Aus dem Grase sich geschwind,
Schüttelt in den Blüthenflocken
Seine feinen blonden Locken,
Schelmisch sinnend wie ein Kind.

Und nun wehen Lerchenlieder
Und es schlägt die Nachtigall,
Rauschend von den Bergen nieder
Kommt der kühle Wasserfall,
Rings im Walde bunt Gefieder: –
Frühling, Frühling ist es wieder
Und ein Jauchzen überall.

Und den Knaben hört man schwirren,
Gold'ne Fäden zart und lind
Durch die Lüfte künstlich wirren –
Und ein süßer Krieg beginnt:
Suchen, Fliehen, schmachtend Irren,

Bis sich alle hold verwirren. –
O beglücktes Labyrinth!

Dryander mit der Komödianten-Bande.

Mich brennt's an meinen Reiseschuh'n,
Fort mit der Zeit zu schreiten –
Was wollen wir agiren nun
Vor so viel klugen Leuten?

Es hebt das Dach sich von dem Haus
Und die Koulissen rühren
Und strecken sich zum Himmel raus,
Strom, Wälder musiziren!

Und aus den Wolken langt es sacht,
Stellt alles durcheinander,
Wie sich's kein Autor hat gedacht:
Volk, Fürsten und Dryander.

Da gehn die einen müde fort,
Die andern nah'n behende,
Das alte Stück, man spielt's so fort
Und kriegt es nie zu Ende.

Und keiner kennt den letzten Akt
Von allen, die da spielen,
Nur der da droben schlägt den Takt,
Weiß, wo das hin will zielen.

WENN WIR ZWEI ZUSAMMEN WÄREN

Durcheinander.

Spatzen schrein und Nachtigallen,
Nelke glüht und Distel sticht,
Rose schön durch Nesseln bricht,
Besser noch hat mir gefallen
Liebchens spielendes Augenlicht;
Aber fehlte auch nur Eins von Allen,
S' wär' eben der närrische Frühling nicht.

Der Poet.

Bin ich fern Ihr: schau' ich nieder
Träumend in die Thäler hier,
Ach, ersinn' ich tausend Lieder,
Singt mein ganzes Herz von Ihr.
Doch was hilft die Gunst der Musen,
Daß die Welt mich Dichter nennt?
Keiner frägt, wie mir im Busen
Sorge tief und Sehnsucht brennt.

Ja, darf ich bei Liebchen weilen:
Fühl' ich froh der Stunden Schwall
Wohl melodischer enteilen
Als der schönste Sylbenfall,
Will ich singen, Lippen neigen
Sich auf mich, und leiden's nicht,
Und wie gerne mag ich schweigen,
Wird mein Leben zum Gedicht!

Der Gärtner.

Wohin ich geh' und schaue,
In Feld und Wald und Thal
Vom Berg' hinab in die Aue:
Viel schöne, hohe Fraue,
Grüß' ich Dich tausendmal.

In meinem Garten find' ich
Viel Blumen, schön und fein,

Viel Kränze wohl d'raus wind' ich
Und tausend Gedanken bind' ich
Und Grüße mit darein.

Ihr darf ich keinen reichen,
Sie ist zu hoch und schön,
Die müssen alle verbleichen,
Die Liebe nur ohne Gleichen
Bleibt ewig im Herzen stehn.

Ich schein' wohl froher Dinge
Und schaffe auf und ab,
Und, ob das Herz zerspringe,
Ich grabe fort und singe
Und grab' mir bald mein Grab.

Der verliebte Reisende.

I.

Da fahr' ich still im Wagen,
Du bist so weit von mir,
Wohin er mich mag tragen,
Ich bleibe doch bei dir.

Da fliegen Wälder, Klüfte
Und schöne Thäler tief,
Und Lerchen hoch in Lüften,
Als ob dein' Stimme rief'.

Die Sonne lustig scheinet
Weit über das Revier,
Ich bin so froh verweinet
Und singe still in mir.

Vom Berge geht's hinunter,
Das Posthorn schallt im Grund,
Mein' Seel' wird mir so munter,
Grüß' dich aus Herzensgrund!

2.

Ich geh' durch die dunkeln Gassen
Und wandre von Haus zu Haus,
Ich kann mich noch immer nicht fassen,
Sieht alles so trübe aus.

Da gehen viel Männer und Frauen,
Die alle so lustig sehn,
Die fahren und lachen und bauen,
Daß mir die Sinne vergehn.

Oft wenn ich bläuliche Streifen
Seh' über die Dächer fliehn,
Sonnenschein draußen schweifen,
Wolken am Himmel ziehn:

Da treten mitten im Scherze
Die Thränen ins Auge mir,
Denn die mich lieben von Herzen
Sind alle so weit von hier.

3.

Lied, mit Thränen halb geschrieben,
Dorthin über Berg und Kluft,
Wo die Liebste mein geblieben,
Schwing' dich durch die blaue Luft!

Ist sie roth und lustig, sage:
Ich sey krank von Herzensgrund;
Weint sie Nachts, sinnt still bei Tage,
Ja dann sag: ich sey gesund!

Ist vorbei ihr treues Lieben,
Nun, so end' auch Lust und Noth,
Und zu allen, die mich lieben,
Fliege, sage: ich sey todt!

4.

Ach Liebchen, dich ließ ich zurücke,
Mein liebes, herziges Kind,
Da lauern viel Menschen voll Tücke,
Die sind dir so feindlich gesinnt.

Die möchten so gerne zerstören
Auf Erden das schöne Fest,
Ach könnte das Lieben aufhören,
So mögen sie nehmen den Rest.

Und alle die grünen Orte,
Wo wir gegangen im Wald,
Die sind nun wohl anders geworden,
Da ist's nun so still und kalt.

Da sind nun am kalten Himmel
Viel tausend Sterne gestellt,
Es scheint ihr goldnes Gewimmel
Weit übers beschneite Feld.

Mein' Seele ist so beklommen,
Die Gassen sind leer und todt,
Da hab' ich die Laute genommen
Und singe in meiner Noth.

Ach, wär' ich im stillen Hafen!
Kalte Winde am Fenster gehn,
Schlaf ruhig, mein Liebchen, schlafe,
Treu' Liebe wird ewig bestehn!

5.

Grün war die Waide,
Der Himmel blau,
Wir saßen beide
Auf glänziger Au.

Sind's Nachtigallen
Wieder, was ruft,
Lerchen, die schallen
Aus warmer Luft?

Ich hör' die Lieder,
Fern, ohne dich,
Lenz ists wohl wieder
Doch nicht für mich.

6.

Wolken, Wälderwärts gegangen,
Wolken, fliegend über's Haus,
Könnt' ich an euch fest mich hangen,
Mit euch fliegen weit hinaus!

Taglang durch die Wälder schweif' ich,
Voll Gedanken sitz' ich still,
In die Saiten flüchtig greif' ich,
Wieder dann auf einmal still.

Schöne, rührende Geschichten
Fallen ein mir, wo ich steh,
Lustig muß ich schreiben, dichten,
Ist mir selber gleich so weh.

Manches Lied, das ich geschrieben
Wohl vor manchem langen Jahr,
Da die Welt vom treuen Lieben
Schön mir überglänzet war.

Find' ich's wieder jetzt voll Bangen:
Werd' ich wunderbar gerührt,
Denn so lang ist das vergangen,
Was mich zu dem Lied verführt.

Diese Wolken ziehen weiter,
Alle Vögel sind erweckt,
Und die Gegend glänzet heiter,
Weit und fröhlich aufgedeckt.

Regen flüchtig abwärts gehen,
Scheint die Sonne zwischendrein,
Und dein Haus, dein Garten stehen
Ueber'm Wald im stillen Schein.

Doch du harrst nicht mehr mit Schmerzen,
Wo so lang' dein Liebster sey –
Und mich tödtet noch im Herzen
Dieser Schmerzen Zauberei.

Intermezzo.

Dein Bildniß wunderselig
Hab' ich in Herzensgrund,
Das sieht so frisch und fröhlich
Mich an zu jeder Stund'.

Mein Herz still in sich singet
Ein altes, schönes Lied,
Das in die Luft sich schwinget
Und zu dir eilig zieht.

Anklänge.

I.

Liebe, wunderschönes Leben,
Willst du wieder mich verführen
Soll ich wieder Abschied geben
Fleißig ruhigem Studiren

Offen stehen Fenster, Thüren,
Draußen Frühlingsboten schweben,
Lerchen schwirrend sich erheben,
Echo will im Wald sich rühren.

Wohl da hilft kein Widerstreben,
Tief im Herzen muß ich's spüren:
Liebe, wunderschönes Leben,
Wieder wirst du mich verführen!

2.

Hoch über stillen Höhen,
Stand in dem Wald ein Haus,
So einsam war's zu sehen
Dort über'n Wald hinaus.

Ein Mädchen saß darinnen
Bei stiller Abendzeit,
Thät seiden Fäden spinnen
Zu ihrem Hochzeitskleid.

3.

Jagdlied.

Durch schwankende Wipfel
Schießt güldener Strahl,
Tief unter den Gipfeln
Das neblichte Thal.
Fern hallt es am Schlosse,
Das Waldhorn ruft,

Es wiehern die Rosse,
In die Luft, in die Luft!

Bald Länder und Seen
Durch Wolkenzug
Tief schimmernd zu sehen
In schwindelndem Flug,
Bald Dunkel wieder
Hüllt Reiter und Roß,
O Lieb' o Liebe
So laß' mich los! –

Immer weiter und weiter
Die Klänge ziehn,
Durch Wälder und Heiden
Wohin, ach wohin?
Erquickliche Frische
Süß-schaurige Lust!
Hoch flattern die Büsche
Frei schlägt die Brust.

An die Waldvögel.

Konnt' mich auch sonst mit schwingen
Ueber's grüne Revier,
Hatt' ein Herze zum Singen
Und Flügel wie ihr.

Flog über die Felder,
Da blüht' es wie Schnee,

Und herauf durch die Wälder
Spiegelt' die See.

Ein Schiff sah ich gehen
Fort über das Meer,
Meinen Liebsten drin stehen –
Dacht' meiner nicht mehr.

Und die Segel verzogen,
Und es dämmert' das Feld,
Und ich hab' mich verflogen
In der weiten, weiten Welt.

Neue Liebe.

Herz, mein Herz, warum so fröhlich,
So voll Unruh und zerstreut,
Als käm' über Berge seelig
Schon die schöne Frühlingszeit?

Weil ein liebes Mädchen wieder
Herzlich an dein Herz sich drückt,
Schaust du fröhlich auf und nieder,
Erd' und Himmel dich erquickt.

Und ich hab' die Fenster offen,
Neu zieh in die Welt hinein
Altes Bangen, altes Hoffen!
Frühling, Frühling soll es sein!

Still kann ich hier nicht mehr bleiben,
Durch die Brust ein Singen irrt,
Doch zu licht ist's mir zum schreiben,
Und ich bin so froh verwirrt.

Also schlendr' ich durch die Gassen,
Menschen gehen her und hin,
Weiß nicht, was ich thu und lasse,
Nur, daß ich so glücklich bin.

Frühlingsnacht.

Ueber'n Garten durch die Lüfte
Hört' ich Wandervögel zieh'n,
Das bedeutet Frühlingsdüfte,
Unten fängt's schon an zu blüh'n.

Jauchzen möcht' ich, möchte weinen,
Ist mir's doch, als könnt's nicht sein!
Alte Wunder wieder scheinen
Mit dem Mondesglanz herein.

Und der Mond, die Sterne sagen's
Und in Träumen rauscht's der Hain
Und die Nachtigallen schlagen's:
Sie ist Deine, sie ist Dein!

Steckbrief.

Grüß' euch aus Herzensgrund:
Zwei Augen hell und rein,
Zwei Röslein auf dem Mund,
Kleid blank aus Sonnenschein!

Nachtigall klagt und weint,
Wollüstig rauscht der Hain,
Alles die Liebste meint:
Wo weilt sie so allein?

Weil's draußen finster war,
Sah ich viel hellern Schein,
Jetzt ist es licht und klar,
Ich muß im Dunkeln sein.

Sonne nicht steigen mag,
Sieht so verschlafen drein,
Wünschet den ganzen Tag,
Daß wieder Nacht möcht' sein.

Liebe geht durch die Luft,
Holt fern die Liebste ein;
Fort über Berg und Kluft!
Und Sie wird doch noch mein!

Der Bote.

Am Himmelsgrund schießen
So lustig die Stern',
Dein Schatz läßt dich grüßen
Aus weiter, weiter Fern!

Hat eine Ziter gehangen
An der Thür unbeacht',
Der Wind ist gegangen
Durch die Saiten bei Nacht.

Schwang sich auf dann vom Gitter
Ueber die Berge, über'n Wald —
Mein Herz ist die Ziter,
Giebt ein'n fröhlichen Schall.

Leid und Lust.

Euch Wolken beneid' ich
In blauer Luft,
Wie schwingt Ihr Euch freudig
Ueber Berg und Kluft!

Mein Liebchen wohl seht Ihr
Im Garten geh'n,
Am Springbrunnen steht sie
So morgenschön.

Und wäscht an der Quelle
Ihr goldenes Haar,
Die Aeugelein helle,
Und blickt so klar.

Und Busen und Wangen
Dürft' Ihr da seh'n. –
Ich brenn' vor Verlangen,
Und muß hier steh'n!

Euch Wolken bedau'r ich
Bei stiller Nacht;
Die Erde bebt schaurig,
Der Mond erwacht:

Da führt mich ein Bübchen
Mit Flügelein fein,
Durch's Dunkel zum Liebchen,
Sie läßt mich ein.

Wohl schau't Ihr die Sterne
Weit, ohne Zahl,
Doch bleiben sie ferne
Euch allzumal.

Mir leuchten zwei Sterne
Mit süßem Strahl
Die küß' ich so gerne
Viel tausendmal.

Euch grüßt mit Gefunkel
Der Wasserfall,
Und tief aus dem Dunkel
Die Nachtigall.

Doch süßer es grüßet
Als Wellentanz,
Wenn Liebchen hold flüstert:
»Dein bin ich ganz.«

So segelt denn traurig
In öder Pracht!
Euch Wolken bedaur' ich
Bei süßer Nacht.

Glück.

Wie jauchzt meine Seele
Und singet in sich!
Kaum, daß ich's verhehle
So glücklich bin ich.

Rings Menschen sich drehen
Und sprechen gescheut,
Ich kann nichts verstehen,
So fröhlich zerstreut. –

Zu eng wird das Zimmer,
Wie glänzet das Feld,

Die Thäler voll Schimmer,
Weit herrlich die Welt!

Gepreßt bricht die Freude
Durch Riegel und Schloß,
Fort über die Haide!
Ach, hätt' ich ein Roß! –

Und frag' ich und sinn' ich,
Wie *so* mir geschehn?: –
Mein Liebchen herzinnig,
Das soll ich heut seh'n!

Der Nachtvogel.

Liegt der Tag rings auf der Lauer,
Blickt so schlau auf Lust und Trauer:
Kann ich kaum mich selbst verstehen.
Laß die Lauscher schlafen gehen!
Nur ein Stündchen unbewacht
Laß' in der verschwiegenen Nacht
Mich in deine Augen sehen
Wie in stillen Mondenschein.
In dem Park an der Rotunde,
Wenn es dunkelt, harr' ich Dein.
Still und fromm ja will ich sein.
Liebste, ach nur Eine Stunde! –
Sieh' mir nicht so böse drein!
Willst Du nie Dein Schweigen brechen,
Ewig stumm, wie Blumen, sein:

O so laß mich das Versprechen
Pflücken Dir vom stillen Munde:
Liebste, ach nur Eine Stunde!
In dem Park, an der Rotunde,
Wenn es dunkelt, harr' ich Dein.

Coda.

Und kann ich nicht sein
Mit Dir zu zwei'n,
So will ich, allein,
Der Schwermuth mich weih'n!

Das zerbrochene Ringlein.

In einem kühlen Grunde
Da geht ein Mühlenrad,
Mein' Liebste ist verschwunden,
Die dort gewohnet hat.

Sie hat mir Treu versprochen,
Gab mir ein'n Ring dabei,
Sie hat die Treu gebrochen,
Mein Ringlein sprang entzwei.

Ich möcht' als Spielmann reisen
Weit in die Welt hinaus,
Und singen meine Weisen,
Und geh'n von Haus zu Haus.

Ich möcht' als Reiter fliegen
Wohl in die blut'ge Schlacht,
Um stille Feuer liegen
Im Feld bei dunkler Nacht.

Hör' ich das Mühlrad gehen:
Ich weiß nicht, was ich will –
Ich möcht' am liebsten sterben,
Da wär's auf einmal still!

Die Saale.

Doch manchmal in Sommertagen
Durch die schwüle Einsamkeit
Hört man Mittags die Thurmuhr schlagen,
Wie aus einer fremden Zeit.

Und ein Schiffer zu dieser Stunde
Sah einst eine schöne Frau
Vom Erker schaun zum Grunde –
Er ruderte schneller vor Graun.

Sie schüttelt' die dunklen Locken
Aus ihrem Angesicht:
»Was ruderst du so erschrocken?
Behüt' dich Gott, dich mein' ich nicht!«

Sie zog ein Ringlein vom Finger,
Warf's tief in die Saale hinein:

»Und der mir es wiederbringet,
Der soll mein Liebster sein!«

Jahrmarkt.

Sind's die Häuser, sind's die Gassen?
Ach, ich weiß nicht, wo ich bin!
Hab' ein Liebchen hier gelassen,
Und manch Jahr ging seitdem hin.

Aus den Fenstern schöne Frauen
Sehn mir freundlich in's Gesicht,
Keine kann so frischlich schauen,
Als mein liebes Liebchen sicht.

An dem Hause poch' ich bange –
Doch die Fenster stehen leer,
Ausgezogen ist sie lange,
Und es kennt mich Keiner mehr.

Und ringsum ein Rufen, Handeln,
Schmucke Waaren, bunter Schein,
Herr'n und Damen gehn und wandeln
Zwischendurch in bunten Reih'n.

Zierlich Bücken, freundlich Blicken,
Manches flücht'ge Liebeswort,
Händedrücken, heimlich Nicken –
Nimmt sie all' der Strom mit fort.

Und mein Liebchen sah ich eben
Traurig in dem lust'gen Schwarm,
Und ein schöner Herr daneben
Führt sie stolz und ernst am Arm.

Doch verblaßt war Mund und Wange,
Und gebrochen war ihr Blick,
Seltsam schaut' sie stumm und lange,
Lange noch auf mich zurück. –

Und es endet Tag und Scherzen,
Durch die Gassen pfeift der Wind –
Keiner weiß, wie unsre Herzen
Tief von Schmerz zerrissen sind.

In der Fremde.

Ich hör' die Bächlein rauschen
Im Walde her und hin,
Im Walde in dem Rauschen
Ich weiß nicht, wo ich bin.

Die Nachtigallen schlagen
Hier in der Einsamkeit,
Als wollten sie was sagen
Von der alten, schönen Zeit.

Die Mondesschimmer fliegen,
Als säh' ich unter mir

Das Schloß im Thale liegen,
Und ist doch so weit von hier!

Als müßte in dem Garten
Voll Rosen weiß und roth,
Meine Liebste auf mich warten,
Und ist doch lange todt.

Liebe in der Fremde.

I.

Jeder nennet froh die Seine,
Ich nur stehe hier alleine,
Denn was früge wohl die Eine:
Wen der Fremdling eben meine?
Und so muß ich, wie im Strome dort die Welle,
Ungehört verrauschen an des Frühlings Schwelle.

2.

Wie kühl schweift sich's bei näct'ger Stunde,
Die Ziter treulich in der Hand!
Vom Hügel grüß ich in die Runde
Den Himmel und das stille Land.

Wie ist da alles so verwandelt,
Wo ich so fröhlich war, im Thal.
Im Wald wie still! der Mond nur wandelt
Nun durch den hohen Buchensaal.

Der Winzer Jauchzen ist verklungen
Und all der bunte Lebenslauf,
Die Ströme nur, im Thal geschlungen,
Sie blicken manchmal silbern auf.

Und Nachtigallen wie aus Träumen
Erwachen oft mit süßem Schall,
Erinnernd rührt sich in den Bäumen
Ein heimlich Flüstern überall. –

Die Freude kann nicht gleich verklingen,
Und von des Tages Glanz und Lust
Ist so auch mir ein heimlich Singen
Geblieben in der tiefsten Brust.

Und fröhlich greif ich in die Saiten,
O Mädchen jenseits über'm Fluß,
Du lauschest wohl und hörst's vom weiten
Und kennst den Sänger an dem Gruß!

3.

Ueber die beglänzten Gipfel
Fernher kommt es wie ein Grüßen,
Flüsternd neigen sich die Wipfel
Als ob sie sich wollten küssen.

Ist er doch so schön und milde!
Stimmen gehen durch die Nacht,
Singen heimlich von dem Bilde –
Ach, ich bin so froh verwacht!

Plaudert nicht so laut, ihr Quellen!
Wissen darf es nicht der Morgen!
In der Mondnacht linde Wellen,
Senk' ich stille Glück und Sorgen. –

4.

Jetzt wandr' ich erst gern!
Am Fenster nun lauschen
Die Mädchen, es rauschen
Die Brunnen von fern.
Aus schimmernden Büschen
Ihr Plaudern so lieb
Erkenn' ich dazwischen,
Ich höre mein Lieb!

Kind hüt' dich! bei Nacht
Pflegt Amor zu wandern,
Ruft leise die andern,
Da schreiten erwacht
Die Götter zur Halle
In's Freie hinaus,
Es bringt sie dir alle
Der Dichter in's Haus.

Zur Hochzeit.

Was das für ein Gezwitscher ist!
Durch's Blau die Schwalben zucken
Und schrei'n: »sie haben sich geküßt!«
Vom Baum Rothkehlchen gucken.

Der Storch stolzirt von Bein zu Bein;
»Da muß ich fischen gehen –«
Der Abend wie im Traum darein
Schaut von den stillen Höhen.

Und wie im Traum von den Höhen
Seh' ich Nachts meiner Liebsten Haus,
Die Wolken darüber gehen
Und löschen die Sterne aus.

Die Hochzeitsänger.

Fernher zieh'n wir durch die Gassen,
Steh'n im Regen und im Wind,
Wohl von aller Welt verlassen
Arme Musikanten sind.
Aus den Fenstern Geigen klingen,
Schleift und dreht sich's bunt und laut,
Und wir Musikanten singen
Draußen da der reichen Braut.

Wollt' sie doch keinen andern haben,
Ging mit mir durch Wald und Feld,
Prächtig in den blauen Tagen
Schien die Sonne auf die Welt.
Heißa: lustig Dreh'n und Ringen,
Jeder hält sein Liebchen warm,
Und wir Musikanten singen
Lustig so, daß Gott erbarm.

Lachend reicht man uns die Neigen,
Auf Ihr Wohlsein trinken wir;
Wollt' sie sich am Fenster zeigen,
'S wäre doch recht fein von ihr.
Und wir fideln und wir singen
Manche schöne Melodei,
Daß die besten Saiten springen,
'S war, als spräng' mir's Herz entzwei.

Jetzt ist Schmauß und Tanz zerstoben,
Immer stiller wird's im Haus,
Und die Mägde putzen oben
Alle lust'gen Kerzen aus.
Doch wir blasen recht mit Rasen
Jeder in sein Instrument,
Möcht' in meinem Grimm ausblasen
Alle Stern' am Firmament!

Und am Hause seine Runde
Tritt der Wächter gähnend an,
Rufet aus die Schlafensstunde,
Und sieht ganz erbost uns an.
Doch nach ihrem Kabinette
Schwing' ich noch mein Tambourin,
Fahr' wohl in Dein Himmelbette,
Weil wir müssen weiter zieh'n!

Klage.

Ich hab' manch Lied geschrieben,
Die Seele war voll Lust,
Von treuem Thun und Lieben,
Das beste, was ich wußt'.

Was mir das Herz bewogen,
Das sagte treu mein Mund,
Und das ist nicht erlogen,
Was kommt aus Herzensgrund.

Liebchen wußt's nicht zu deuten
Und lacht mir in's Gesicht,
Dreht sich zu andern Leuten
Und achtet's weiter nicht.

Und spielt mit manchem Tropfe,
Weil ich so tief betrübt.
Mir ist so dumm im Kopfe,
Als wär' ich nicht verliebt.

Ach Gott, wem soll ich trauen?
Will Sie mich nicht versteh'n,
Thun all' so fremde schauen,
Und alles muß vergeh'n.

Und alles irrt zerstreuet –
Sie ist so schön und roth –
Ich hab' nichts, was mich freuet,
Wär' ich viel lieber todt!

Der letzte Gruß.

Ich kam vom Walde hernieder,
Da stand noch das alte Haus,
Mein Liebchen sie schaute wieder
Wie sonst zum Fenster hinaus.

Sie hat einen andern genommen,
Ich war draußen in Schlacht und Sieg,
Nun ist alles anders gekommen,
Ich wollt', 's wär wieder erst Krieg;

Am Wege dort spielte ihr Kindlein,
Das glich ihr recht auf ein Haar,
Ich küßt's auf sein rothes Mündlein:
»Gott seg'ne dich immerdar!«

Sie aber schaute erschrocken
Noch lange Zeit nach mir hin,
Und schüttelte sinnend die Locken
Und wußte nicht, wer ich bin. –

Da droben hoch stand ich am Baume,
Da rauschten die Wälder so sacht,
Mein Waldhorn das klang wie im Traume
Hinüber die ganze Nacht.

Und als die Vögelein sangen
Frühmorgens, sie weinte so sehr,
Ich aber war weit schon gegangen,
Nun sieht sie mich nimmermehr!

Bei einer Linde.

Seh' ich Dich wieder, Du geliebter Baum,
In dessen junge Triebe
Ich einst in jenes Frühlings schönstem Traum
Den Namen schnitt von meiner ersten Liebe?

Wie anders ist seitdem der Aeste Bug,
Verwachsen und verschwunden
Im härt'ren Stamm der vielgeliebte Zug,
Wie ihre Liebe und die schönen Stunden!

Auch ich seitdem wuchs stille fort, wie Du,
Und nichts an mir wollt' weilen,
Doch *meine* Wunde wuchs – und wuchs nicht zu,
Und wird wohl niemals mehr hienieden heilen.

Der wandernde Musikant.

Wandern lieb' ich für mein Leben,
Lebe eben wie ich kann,
Wollt' ich mir auch Mühe geben,
Paßt' es mir doch gar nicht an.

Schöne alte Lieder weiß ich,
In der Kälte, ohne Schuh'
Draußen in die Saiten reiß' ich,
Weiß nicht, wo ich Abend's ruh'.

Manche Schöne macht wohl Augen,
Meinet, ich gefiel’ ihr sehr,
Wenn ich nur was wollte taugen,
So ein armer Lump nicht wär’. –

Mag dir Gott ein’n Mann bescheeren,
Wohl mit Haus und Hof versehn!
Wenn wir zwei zusammen wären,
Möcht’ mein Singen mir vergehn.

WIRR'ST DIE GEDANKEN MIR

Frau Venus.

Was weckst du, Frühling, mich von neuem wieder?
Daß all' die alten Wünsche auferstehen,
Geht über's Land ein wunderbares Wehen;
Das schauert mir so lieblich durch die Glieder.

Die schöne Mutter grüßen tausend Lieder,
Die, wieder jung, im Brautkranz süß zu sehen;
Der Wald will sprechen, rauschend Ströme gehen,
Najaden tauchen singend auf und nieder.

Die Rose seh' ich geh'n aus grüner Klause
Und, wie so buhlerisch die Lüfte fächeln,
Erröthend in die laue Fluth sich dehnen.

So mich auch ruft ihr aus dem stillen Hause –
Und schmerzlich nun muß ich im Frühling lächeln,
Versinkend zwischen Duft und Klang vor Sehnen.

Abend.

Schweigt der Menschen laute Lust:
Rauscht die Erde wie in Träumen
Wunderbar mit allen Bäumen,
Was dem Herzen kaum bewußt,
Alte Zeiten, linde Trauer,
Und es schweifen leise Schauer
Wetterleuchtend durch die Brust.

Lockung.

Hörst du nicht die Bäume rauschen
Draußen durch die stille Rund'?
Lockt's dich nicht hinabzulauschen
Von dem Söller in den Grund,
Wo die vielen Bäche gehen
Wunderbar im Mondenschein
Und die stillen Schlösser sehen
In den Fluß vom hohen Stein.

Kennst du noch die irren Lieder
Aus der alten schönen Zeit?
Sie erwachen alle wieder
Nachts in Waldeseinsamkeit,
Wenn die Bäume träumend lauschen
Und der Flieder duftet schwül
Und im Fluß die Nixen rauschen –
Komm herab, hier ist's so kühl.

Der alte Garten.

Kaiserkron' und Päonien roth,
Die müssen verzaubert sein,
Denn Vater und Mutter sind lange todt,
Was blühn sie hier so allein?

Der Springbrunn plaudert noch immerfort
Von der alten schönen Zeit,
Eine Frau sitzt eingeschlafen dort,
Ihre Locken bedecken ihr Kleid.

Sie hat eine Laute in der Hand,
Als ob sie im Schlafe spricht,
Mir ist, als hätt' ich sie sonst gekannt –
Still, geh vorbei und weck' sie nicht!

Und wenn es dunkelt das Thal entlang,
Streift sie die Saiten sacht,
Da giebt's einen wunderbaren Klang
Durch den Garten die ganze Nacht.

Sehnsucht.

Es schienen so golden die Sterne,
Am Fenster ich einsam stand
Und hörte aus weiter Ferne
Ein Posthorn im stillen Land.
Das Herz mir im Leib entbrennte,
Da hab' ich mir heimlich gedacht:

Ach wer da mitreisen könnte
In der prächtigen Sommernacht!

    Zwei junge Gesellen gingen
Vorüber am Bergeshang,
Ich hörte im Wandern sie singen
Die stille Gegend entlang:
Von schwindelnden Felsenschlüften,
Wo die Wälder rauschen so sacht,
Von Quellen, die von den Klüften
Sich stürzen in die Waldesnacht.

    Sie sangen von Marmorbildern,
Von Gärten, die über'm Gestein
In dämmernden Lauben verwildern,
Palästen im Mondenschein,
Wo die Mädchen am Fenster lauschen,
Wann der Lauten Klang erwacht
Und die Brunnen verschlafen rauschen
In der prächtigen Sommernacht. –

Schöne Fremde.

    Es rauschen die Wipfel und schauern,
Als machten zu dieser Stund'
Um die halbversunkenen Mauern
Die alten Götter die Rund'.

    Hier hinter den Myrthenbäumen
In heimlich dämmernder Pracht,

Was sprichst du wirr wie in Träumen
Zu mir, phantastische Nacht?

Es funkeln auf mich alle Sterne
Mit glühendem Liebesblick,
Es redet trunken die Ferne
Wie von künftigem großen Glück! –

Frühlings-Netz.

Im hohen Gras der Knabe schlief,
Da hört' er's unten singen,
Es war, als ob die Liebste rief,
Das Herz wollt' ihm zerspringen.

Und über ihm ein Netze wirrt
Der Blumen leises Schwanken,
Durch das die Seele schmachtend irrt
In lieblichen Gedanken.

So süße Zauberei ist los,
Und wunderbare Lieder
Geh'n durch der Erde Frühlingsschooß,
Die lassen ihn nicht wieder.

Zauberblick.

Die Burg die liegt verfallen
In schöner Einsamkeit,

Dort saß ich vor den Hallen
Bei stiller Mittagszeit.

Es ruhten in der Kühle
Die Rehe auf dem Wall
Und tief in blauer Schwüle
Die sonn'gen Thäler all.

Tief unten hört' ich Glocken
In weiter Ferne geh'n,
Ich aber mußt erschrocken
Zum alten Erker seh'n.

Denn in dem Fensterbogen
Ein' schöne Fraue stand,
Als hütete sie droben
Die Wälder und das Land.

Ihr Haar, wie'n gold'ner Mantel,
War tief herabgerollt;
Auf einmal sie sich wandte,
Als ob sie sprechen wollt'.

Und als ich schauernd lauschte –
Da war ich aufgewacht
Und unter mir schon rauschte
So wunderbar die Nacht.

Träumt' ich im Mondesschimmer?
Ich weiß nicht, was mir graut,

Doch das vergeß' ich nimmer,
Wie sie mich angeschaut!

Das Zaubernetz.

Fraue, in den blauen Tagen
Hast ein Netz Du ausgehangen,
Zart gewebt aus seidnen Haaren,
Süßen Worten, weißen Armen.

Und die blauen Augen sprachen,
Da ich waldwärts wollte jagen:
»Zieh' mir, Schöner, nicht von dannen!«
Ach, da war ich Dein Gefangner!

Hörst Du nun den Frühling laden? –
Jägers Waldhorn geht im Walde,
Lockend grüßen bunte Flaggen,
Nach dem Sänger alle fragen.

Ach! von euch, ihr Frühlings-Fahnen,
Kann ich, wie von Dir, nicht lassen!
Reisen in den blauen Tagen
Muß der Sänger mit dem Klange.

Flügel hat, den du gefangen –
Alle Schlingen müssen lassen
Und er wird Dir weggetragen,
Wenn die ersten Lerchen sangen.

Liebst Du, treu dem alten Sange
Wie dem Sänger, mich wahrhaftig:
Laß' Dein Schloß, den schönen Garten,
Führ' Dich heim in Waldesprachten!

Auf dem Zelter sollst du prangen,
Um die schönen Glieder schlanke
Seide, himmelblau, gespannet,
Als ein süßgeschmückter Knabe.

Und der Jäger sieht uns fahren,
Und er läßt das Wild, das Jagen,
Will nun ewig mit uns wandern
Mit dem frischen Hörnerklange.

Wer von uns verführt den andern,
Ob es Deine Augen thaten,
Meine Laut', des Jägers Blasen? –
Ach, wir können's nicht errathen;

Aber um uns drei zusammen
Wird der Lenz im grünen Walde
Wohl ein Zaubernetze schlagen,
Dem noch keiner je entgangen.

Eldorado.

Es ist von Klang und Düften
Ein wunderbarer Ort,

Umrankt von stillen Klüften,
Wir alle spielten dort.

Wir alle sind verirret,
Seitdem so weit hinaus,
Unkraut die Welt verwirret,
Find't keiner mehr nach Haus.

Doch manchmal taucht's aus Träumen,
Als läg' es weit im Meer,
Und früh noch in den Bäumen
Rauscht's wie ein Grüßen her.

Ich hört' den Gruß verfliegen,
Ich folgt' ihm über Land,
Und hatte mich verstiegen
Auf hoher Felsenwand.

Mein Herz ward mir so munter,
Weit hinten alle Noth,
Als ginge jenseits unter
Die Welt in Morgenroth.

Der Wind spielt' in den Locken,
Da blitzt' es drunten weit,
Und ich erkannt' erschrocken
Die alte Einsamkeit.

Nun jeden Morgenschimmer
Steig' ich in's Blüthenmeer,

Bis ich Glückseel'ger nimmer
Von dorten wiederkehr'.

Am Strom.

Der Fluß glitt einsam hin und rauschte
Wie sonst, noch immer, immerfort,
Ich stand am Strand gelehnt und lauschte,
Ach, was ich liebt', war lange fort!
Kein Laut, kein Windeshauch, kein Singen
Ging durch den weiten Mittag schwül,
Verträumt die stillen Weiden hingen
Hinab bis in die Wellen kühl.

Die waren alle wie Syrenen
Mit feuchtem, langen, grünen Haar,
Und von der alten Zeit voll Sehnen
Sie sangen leis und wunderbar.
Sing' Weide, singe, grüne Weide!
Wie Stimmen aus der Liebsten Grab,
Zieht mich Dein heimlich Lied voll Leide
Zum Strom von Wehmuth mit hinab.

Meeresstille.

Ich seh' von des Schiffes Rande
Tief in die Fluth hinein:
Gebirge und grüne Lande
Und Trümmer im falben Schein

Und zackige Thürme im Grunde,
Wie ich's oft im Traum mir gedacht,
Das dämmert alles da unten
Als wie eine prächtige Nacht.

Seekönig auf seiner Warte
Sitzt in der Dämm'rung tief,
Als ob er mit langem Barte
Ueber seiner Harfe schlief;
Da kommen und gehen die Schiffe
Darüber, er merkt es kaum,
Von seinem Korallenriffe
Grüßt er sie wie im Traum.

Nachts.

Ich wandre durch die stille Nacht,
Da schleicht der Mond so heimlich sacht
Oft aus der dunklen Wolkenhülle,
Und hin und her im Thal
Erwacht die Nachtigall,
Dann wieder Alles grau und stille.

O wunderbarer Nachtgesang:
Von fern im Land der Ströme Gang,
Leis Schauern in den dunklen Bäumen –
Wirr'st die Gedanken mir,
Mein irres Singen hier
Ist wie ein Rufen nur aus Träumen.

Nachtigall.

Nach den schönen Frühlingstagen,
Wenn die blauen Lüfte wehen,
Wünsche mit dem Flügel schlagen
Und im Grünen Amor zielt,
Bleibt ein Jauchzen auf den Höhen;
Und ein Wetterleuchten spielt
Aus der Ferne durch die Bäume
Wunderbar die ganze Nacht,
Daß die Nachtigall erwacht
Von den irren Widerscheinen,
Und durch alle seel'ge Gründe
In der Einsamkeit verkünde,
Was sie alle, alle meinen;
Dieses Rauschen in den Bäumen
Und der Mensch in dunkeln Träumen.

Nacht.

1.

Die Vöglein, die so fröhlich sangen,
Der Blumen bunte Pracht,
'S ist Alles unter nun gegangen,
Nur das Verlangen
Der Liebe wacht.

2.

Tritt nicht hinaus jetzt vor die Thür,
Die Nacht hat eignen Sang,

Das Waldhorn ruft, als rief's nach dir,
Betrüglich ist der irre Klang,
Endlos der Wälder Labyrinth –
Behüt' dich Gott, du schönes Kind!

3.

Ueber'm Lande die Sterne
Machen die Runde bei Nacht,
Mein Schatz ist in der Ferne,
Liegt am Feuer auf der Wacht.

Ueber's Feld bellen Hunde;
Wenn der Mondschein erblich,
Rauscht der Wald auf im Grunde:
Reiter, jetzt hüte dich!

4.

Hörst du die Gründe rufen
In Träumen halb verwacht?
O, von des Schlosses Stufen
Steig nieder in die Nacht! –

Die Nachtigallen schlagen,
Der Garten rauschet sacht,
Es will dir Wunder sagen
Die wunderbare Nacht.

Die Nachtblume.

Nacht ist wie ein stilles Meer,
Lust und Leid und Liebesklagen
Kommen so verworren her
In dem linden Wellenschlagen.

Wünsche wie die Wolken sind,
Schiffen durch die stillen Räume,
Wer erkennt im lauen Wind
Ob's Gedanken oder Träume? –

Schließ' ich nun auch Herz und Mund,
Die so gern den Sternen klagen:
Leise doch im Herzensgrund
Bleibt das linde Wellenschlagen.

Nacht.

Wie schön hier zu verträumen
Die Nacht im stillen Wald,
Wenn in den dunklen Bäumen
Das alte Mährchen hallt.

Die Berg' im Mondesschimmer
Wie in Gedanken stehn,
Und durch verworrne Trümmer
Die Quellen klagend gehn.

Denn müd ging auf den Matten
Die Schönheit nun zur Ruh,
Es deckt mit kühlen Schatten
Die Nacht das Liebchen zu.

Das ist das irre Klagen
In stiller Waldespracht,
Die Nachtigallen schlagen
Von ihr die ganze Nacht.

Die Stern' gehn auf und nieder –
Wann kommst du, Morgenwind,
Und hebst die Schatten wieder
Von dem verträumten Kind?

Schon rührt sich's in den Bäumen,
Die Lerche weckt sie bald –
So will ich treu verträumen
Die Nacht im stillen Wald.

Täuschung.

Ich ruhte aus vom Wandern,
Der Mond ging eben auf,
Da sah ich fern im Lande
Der alten Tiber Lauf,
Im Walde lagen Trümmer,
Paläste auf stillen Höh'n
Und Gärten im Mondesschimmer –
O Welschland, wie bist du schön!

Und als die Nacht vergangen,
Die Erde blitzte so weit,
Einen Hirten sah ich hangen
Am Fels in der Einsamkeit.
Den fragt' ich ganz geblendet:
Komm' ich nach Rom noch heut?
Er dehnt' sich halbgewendet:
Ihr seyd nicht recht gescheut!
Eine Winzerin lacht' herüber,
Man sah sie vor Weinlaub kaum,
Mir aber ging's Herze über –
Es war ja alles nur Traum.

Götterdämmerung.

I.

Was klingt mir so heiter
Durch Busen und Sinn?
Zu Wolken und weiter
Wo trägt es mich hin?

Wie auf Bergen hoch bin ich
So einsam gestellt
Und grüße herzinnig,
Was schön auf der Welt.

Ja, Bachus, Dich seh' ich,
Wie göttlich bist Du!
Dein Glühen versteh' ich,
Die träumende Ruh.

O rosenbekränztes
Jünglingsbild,
Dein Auge, wie glänzt es,
Die Flammen so mild!

Ist's Liebe, ist's Andacht,
Was so Dich beglückt?
Rings Frühling Dich anlacht,
Du sinnest entzückt. –

Frau Venus, Du Frohe,
So klingend und weich,
In Morgenroths Lohe
Erblick' ich Dein Reich

Auf sonnigen Hügeln
Wie ein Zauberring. –
Zart' Bübchen mit Flügeln
Bedienen Dich flink,

Durchsäuseln die Räume
Und laden, was fein,
Als goldene Träume
Zur Königin ein.

Und Ritter und Frauen
Im grünen Revier
Durchschwärmen die Auen
Wie Blumen zur Zier.

Und jeglicher hegt sich
Sein Liebchen im Arm,
So wirrt und bewegt sich
Der selige Schwarm. –

Die Klänge verrinnen,
Es bleichet das Grün,
Die Frauen steh'n sinnend,
Die Ritter schau'n kühn.

Und himmlisches Sehnen
Geht singend durch's Blau,
Da schimmert von Thränen
Rings Garten und Au. –

Und mitten im Feste
Erblick' ich, wie mild!
Den Stillsten der Gäste. –
Woher, einsam Bild?

Mit blühendem Mohne,
Der träumerisch glänzt,
Und Lilienkrone
Erscheint er bekränzt.

Sein Mund schwillt zum Küssen
So lieblich und bleich,
Als bräxht' er ein Grüßen
Aus himmlischem Reich.

Eine Fackel wohl trägt er,
Die wunderbar prangt.
»Wo ist Einer,« frägt er,
»Dem heimwärts verlangt?«

Und manchmal da drehet
Die Fackel er um –
Tiefschauernd vergehet
Die Welt und wird stumm.

Und was hier versunken
Als Blumen zum Spiel,
Siehst oben Du funkeln
Als Sterne nun kühl. –

O Jüngling vom Himmel,
Wie bist Du so schön!
Ich laß das Gewimmel,
Mit Dir will ich gehn!

Was will ich noch hoffen?
Hinauf, ach hinauf!
Der Himmel ist offen,
Nimm, Vater, mich auf!

2.

Von kühnen Wunderbildern
Ein großer Trümmerhauf,
In reizendem Verwildern
Ein blüh'nder Garten drauf.

Versunk'nes Reich zu Füßen,
Vom Himmel fern und nah,
Aus anderm Reich ein Grüßen –
Das ist Italia!

Wenn Frühlingslüfte wehen
Hold über'm grünen Plan,
Ein leises Auferstehen
Hebt in den Thälern an.

Da will sich's unten rühren,
Im stillen Göttergrab,
Der Mensch kann's schauernd spüren
Tief in die Brust hinab.

Verwirrend in den Bäumen
Geh'n Stimmen hin und her,
Ein sehnsuchtsvolles Träumen
Weht über's blaue Meer.

Und unter'm duft'gen Schleier,
So oft der Lenz erwacht,
Webt in geheimer Feier,
Die alte Zaubermacht.

Frau Venus hört das Locken,
Der Vögel heitern Chor,
Und richtet froh erschrocken
Aus Blumen sich empor.

Sie sucht die alten Stellen,
Das luft'ge Säulenhaus,
Schaut lächelnd in die Wellen
Der Frühlingsluft hinaus.

Doch öd' sind nun die Stellen,
Stumm liegt ihr Säulenhaus,
Gras wächst da auf den Schwellen,
Der Wind zieht ein und aus.

Wo sind nun die Gespielen?
Diana schläft im Wald,
Neptunus ruht im kühlen
Meerschloß, das einsam hallt.

Zuweilen nur Syrenen
Noch tauchen aus dem Grund,
Und thun in irren Tönen
Die tiefe Wehmuth kund. –

Sie selbst muß sinnend stehen
So bleich im Frühlingsschein,
Die Augen untergehen,
Der schöne Leib wird Stein. –

Denn über Land und Wogen
Erscheint, so still und mild,
Hoch auf dem Regenbogen
Ein andres Frauenbild.

Ein Kindlein in den Armen
Die Wunderbare hält,
Und himmlisches Erbarmen
Durchdringt die ganze Welt.

Da in den lichten Räumen
Erwacht das Menschenkind,
Und schüttelt böses Träumen
Von seinem Haupt geschwind.

Und, wie die Lerche singend,
Aus schwülen Zaubers Kluft
Erhebt die Seele ringend
Sich in die Morgenluft.

An eine Tänzerin.

Castagnetten lustig schwingen
Seh' ich Dich, Du zierlich Kind!
Mit der Locken schwarzen Ringen
Spielt der sommerlaue Wind.
Künstlich regst Du schöne Glieder,
Glühendwild
Zärtlichmild
Tauchest in Musik Du nieder,
Und die Woge hebt Dich wieder.

Warum sind so blaß die Wangen,
Dunkelfeucht der Augen Glanz,

Und ein heimliches Verlangen
Schimmert glühend durch den Tanz?
Schalkhaft lockend schaust Du nieder,
Liebesnacht
Süßerwacht,
Wollüstig erklingen Lieder —
Schlag nicht so die Augen nieder!

Wecke nicht die Zauberlieder
In der dunklen Tiefe Schooß,
Selbst verzaubert sinkst Du nieder,
Und sie lassen Dich nicht los.
Tödtlich schlingt sich um die Glieder
Sündlich Glüh'n,
Und verblüh'n
Müssen Schönheit, Tanz und Lieder,
Ach, ich kenne Dich nicht wieder!

Der Umkehrende.

I.

Du sollst mich doch nicht fangen,
Duftschwüle Zaubernacht!
Es steh'n mit goldnem Prangen
Die Stern' auf stiller Wacht,
Und machen über'm Grunde,
Wo Du verirret bist,
Getreu die alte Runde —
Gelobt sei Jesus Christ!

Wie bald in allen Bäumen
Geht nun die Morgenluft,
Sie schütteln sich in Träumen,
Und durch den rothen Duft
Eine fromme Lerche steiget,
Wenn Alles still noch ist,
Den rechten Weg Dir zeiget –
Gelobt sei Jesus Christ!

2.

Hier bin ich, Herr! Gegrüßt das Licht,
Das durch die stille Schwüle
Der müden Brust gewaltig bricht
Mit seiner strengen Kühle.
Nun bin ich frei! Ich taum'le noch
Und kann mich noch nicht fassen –
O Vater, Du erkennst mich doch,
Und wirst nicht von mir lassen!

3.

Was ich wollte, liegt zerschlagen,
Herr, ich lasse ja das Klagen,
Und das Herz ist still.
Nun aber gieb auch Kraft, zu tragen,
Was ich *nicht* will!

4.

Es wandelt, was wir schauen,
Tag sinkt in's Abendroth,
Die Lust hat eig'nes Grauen,
Und alles hat den Tod.

In's Leben schleicht das Leiden
Sich heimlich wie ein Dieb,
Wir alle müssen scheiden
Von allem, was uns lieb.

Was gäb' es doch auf Erden,
Wer hielt' den Jammer aus,
Wer möcht' geboren werden,
Hielt'st Du nicht droben Haus!

Du bist's, der, was wir bauen,
Mild über uns zerbricht,
Daß wir den Himmel schauen –
Darum so klag' ich nicht.

5.

Waldeinsamkeit!
Du grünes Revier,
Wie liegt so weit
Die Welt von hier!
Schlaf' nur, wie bald
Kommt der Abend schön,
Durch den stillen Wald
Die Quellen gehn,
Die Mutter Gottes wacht,
Mit ihrem Sternen-Kleid
Bedeckt sie Dich sacht
In der Waldeinsamkeit,
Gute Nacht, gute Nacht! –

Mariä Sehnsucht.

Es ging Maria in den Morgen hinein,
That die Erd' einen lichten Liebesschein,
Und über die fröhlichen, grünen Höh'n,
Sah Sie den bläulichen Himmel steh'n.
»Ach, hätt' ich ein Brautkleid von Himmelschein,
Zwei goldene Flüglein – wie flög' ich hinein!« –

Es ging Maria in stiller Nacht,
Die Erde schlief, der Himmel wacht',
Und durch's Herze, wie sie ging und sann und
                                    dacht',
Zogen die Sterne mit goldener Pracht.
»Ach, hätt' ich das Brautkleid von Himmelsschein,
Und goldene Sterne gewoben drein!«

Es ging Maria im Garten allein,
Da sangen so lockend bunt' Vögelein,
Und Rosen sah sie im Grünen steh'n,
Viel' rothe und weiße so wunderschön.
»Ach, hätt' ich ein Knäblein, so weiß und roth,
Wie wollt' ich's lieb haben bis in den Tod!«

Nun ist wohl das Brautkleid gewoben gar,
Und goldene Sterne in's dunkele Haar,
Und im Arme die Jungfrau das Knäblein hält,
Hoch über der dunkelerbrausenden Welt,
Und vom Kindlein gehet ein Glänzen aus,
Das ruft uns nur ewig: nach Haus, nach Haus!

WER'S EHRLICH WAGT, BEZWINGT ES

Faß das Steuer, laß das Zagen!
Aufgerollt hat Gottes Hand
Diese Wogen zum Befahren
Und die Sterne, dich zu wahren.

Lieber Alles.

Soldat sein ist gefährlich,
Studiren sehr beschwerlich,
Das Dichten süß und zierlich,
Der Dichter gar possierlich
In diesen wilden Zeiten.
Ich möcht' am liebsten reiten,
Ein gutes Schwert zur Seiten,
Die Laute in der Rechten,
Studentenherz zum Fechten.
Ein wildes Roß ist's Leben,
Die Hufe Funken geben,
Wer's ehrlich wagt, bezwingt es,
Und wo es tritt, da klingt es!

So oder so.

Die handeln und die dichten,
Das ist der Lebenslauf,
Der Eine macht Geschichten,
Der Andre schreibt sie auf,
Und der will beide richten;
So schreibt und treibt sich's fort,
Der Herr wird Alles schlichten,
Verloren ist kein Wort.

Walt' Gott!

Gestern stürmt's noch, und am Morgen
Blühet schon das ganze Land –
Will auch nicht für morgen sorgen,
Alles steht in Gottes Hand.

Putz' dich nur in Gold und Seiden:
In dem Felde über Nacht
Engel Gott's die Lilien kleiden,
Schöner als du's je gedacht.

Sonn' dich auf des Lebens Gipfeln:
Ueber deinem stolzen Haus
Singt der Vogel in den Wipfeln,
Schwingt sich über dich hinaus!

Vögel nicht, noch Blumen sorgen,
Hat doch jedes sein Gewand –
Wie so fröhlich rauscht der Morgen!
Alles steht in Gottes Hand.

Morgenlied.

Ein Stern still nach dem andern fällt
Tief in des Himmels Kluft,
Schon zucken Strahlen durch die Welt,
Ich wittre Morgenluft.

In Qualmen steigt und sinkt das Thal;
Verödet noch vom Fest
Liegt still der weite Freudensaal,
Und todt noch alle Gäst'.

Da hebt die Sonne aus dem Meer
Erathmend ihren Lauf:
Zur Erde geht, was feucht und schwer,
Was klar, zu ihr hinauf.

Hebt grüner Wälder Trieb und Macht
Neurauschend in die Luft,
Zieht hinten Städte, eitel Pracht,
Blau' Berge durch den Duft.

Spannt aus die grünen Tepp'che weich,
Von Strömen hell durchrankt,
Und schallend glänzt das frische Reich,
So weit das Auge langt.

Der Mensch nun aus der tiefen Welt
Der Träume tritt heraus,
Freut sich, daß alles noch so hält,
Daß noch das Spiel nicht aus.

Und nun geht's an ein Fleißigsein!
Umsumsend Berg und Thal,
Agiret lustig Groß und Klein
Den Plunder allzumal.

Die Sonne steiget einsam auf,
Ernst über Lust und Weh
Lenkt sie den ungestörten Lauf
Zu stiller Glorie. –

Und *wie* er dehnt die Flügel aus,
Und *wie* er auch sich stellt:
Der Mensch kann nimmermehr hinaus
Aus dieser Narrenwelt.

Guter Rath.

Springer, der in luft'gem Schreiten
Ueber die gemeine Welt,
Kokettiret mit den Leuten,
Sicherlich vom Seile fällt.

Schiffer, der nach jedem Winde,
Blas' er witzig oder dumm,
Seine Seegel stellt geschwinde,
Kommt im Wasser schmählich um.

Weisen Sterne doch die Richtung,
Hörst du Nachts doch fernen Klang,
Dorthin liegt das Land der Dichtung,
Fahre zu und frag' nicht lang.

Der Maler.

Aus Wolken, eh' im nächt'gen Land
Erwacht die Kreaturen,
Langt Gottes Hand,
Zieht durch die stillen Fluren
Gewaltig die Konturen,
Strom, Wald und Felsenwand.

Wach' auf, wach' auf! die Lerche ruft,
Aurora taucht die Strahlen
Verträumt in Duft,
Beginnt auf Berg und Thalen,
Ringsum ein himmlisch Malen
In Meer und Land und Luft.

Und durch die Stille, Lichtgeschmückt,
Aus wunderbaren Locken
Ein Engel blickt. –
Da rauscht der Wald erschrocken,
Da gehn die Morgenglocken,
Die Gipfel stehn verzückt.

O lichte Augen, ernst und mild,
Ich kann nicht von euch lassen!
Bald wieder wild
Stürmt's her von Sorg' und Hassen –
Durch die verworrnen Gassen
Führ mich, mein göttlich Bild!

Schifferspruch.

Wenn die Wogen unten toben,
Menschenwitz zu Schanden wird,
Weist mit feur'gen Zügen droben
Heimwärts dich der Wogen Hirt.
Sollst nach keinem Andern fragen,
Nicht zurückschaun nach dem Land,
Faß das Steuer, laß das Zagen!
Aufgerollt hat Gottes Hand
Diese Wogen zum Befahren
Und die Sterne, dich zu wahren.

An die Freunde.

Der Jugend Glanz, der Sehnsucht irre Weisen,
Die tausend Ströme durch das duft'ge Land,
Es zieht uns All' zu seinen Zauberkreisen. –
Wem Gottesdienst in tiefster Brust entbrannt,
Der sieht mit Wehmuth ein unendlich Reisen
Zu ferner Heimath, die er fromm erkannt;
Und was sich *spielend* wob als ird'sche Blume,
Wölbt still den Kelch zum *ernsten* Heiligthume.

So schauet denn das buntbewegte Leben
Ringsum von meines Gartens heitrer Zinn',
Daß hoch die Bilder, die noch dämmernd schweben –
Wo Morgenglanz geblendet meinen Sinn –
An Eurem Blick erwachsen und sich heben.
Verwüstend rauscht die Zeit darüber hin;

In Euren treuen Herzen neu geboren
Sind sie im wilden Strome unverloren.

Intermezzo.

Wohl vor lauter Sinnen, Singen
Kommen wir nicht recht zum Leben;
Wieder ohne rechtes Leben
Muß zu Ende geh'n das Singen;
Ging zu Ende dann das Singen:
Mögen wir auch nicht länger leben.

Glückliche Fahrt.

Wünsche sich mit Wünschen schlagen,
Und die Gier wird nie gestillt.
Wer ist in dem wüsten Jagen
Da der Jäger, wer das Wild?
Seelig, wer es fromm mag wagen,
Durch das Treiben dumpf und wild
In der festen Brust zu tragen
Heil'ger Schönheit hohes Bild!

Sieh, da brechen tausend Quellen
Durch die felsenharte Welt,
Und zum Strome wird ihr Schwellen,
Der melodisch steigt und fällt.
Ringsum sich die Fernen hellen,
Gottes Hauch die Segel schwellt –

Rettend spülen Dich die Wellen
In des Herzens stille Welt.

Mahnung.

Genug gemeistert nun die Weltgeschichte!
    Die Sterne, die durch alle Zeiten tagen,
    Ihr wolltet sie mit frecher Hand zerschlagen
    Und Jeder leuchten mit dem eignen Lichte.

Doch unaufhaltsam rucken die Gewichte,
    Von selbst die Glocken von den Thürmen schlagen,
    Der alte Zeiger, ohne euch zu fragen,
    Weist flammend auf die Stunde der Gerichte.

O stille Schauer, wunderbares Schweigen,
    Wenn heimlichflüsternd sich die Wälder neigen,
    Die Thäler alle geisterbleich versanken,

Und in Gewittern von den Bergesspitzen
    Der Herr die Weltgeschichte schreibt mit Blitzen –
    Denn seine sind nicht euere Gedanken.

KOMMST NIMMERMEHR
AUS DIESEM WALD

Balladen und Romanzen

> Aus schweren Träumen
> Fuhr ich oft auf und sah durch Tannenwipfel
> Den Mond zieh'n über'n stillen Grund und sang
> Vor Bangigkeit und schlummert' wieder ein. —

Waldgespräch.

Es ist schon spät, es wird schon kalt,
Was reit'st Du einsam durch den Wald?
Der Wald ist lang, Du bist allein,
Du schöne Braut! Ich führ' Dich heim!

»Groß ist der Männer Trug und List,
Vor Schmerz mein Herz gebrochen ist,
Wohl irrt das Waldhorn her und hin,
O flieh! Du weißt nicht, wer ich bin.«

So reich geschmückt ist Roß und Weib,
So wunderschön der junge Leib,
Jetzt kenn' ich Dich – Gott steh' mir bei!
Du bist die Hexe Loreley.

»Du kennst mich wohl – von hohem Stein,
Schaut still mein Schloß tief in den Rhein.
Es ist schon spät, es wird schon kalt,
Kommst nimmermehr aus diesem Wald!«

Die Zauberin im Walde.

»Schon vor vielen, vielen Jahren
Saß ich drüben an dem Ufer,
Sah manch' Schiff vorüber fahren
Weit hinein in's Waldesdunkel.«

»Denn ein Vogel jeden Frühling
An dem grünen Waldes-Saume
Sang mit wunderbarem Schalle,
Wie ein Waldhorn klang's im Traume.«

»Und gar seltsam hohe Blumen
Standen an dem Rand der Schlünde,
Sprach der Strom so dunkle Worte,
'S war, als ob ich sie verstünde.«

»Und wie ich so sinnend athme
Stromeskühl' und Waldesdüfte,
Und ein wundersam Gelüsten
Mich hinabzog nach den Klüften:«

»Sah ich auf krystall'nem Nachen,
Tief im Herzensgrund erschrocken,
Eine wunderschöne Fraue,
Ganz umwallt von gold'nen Locken.«

»Und von ihrem Hals behende
Thät sie lösen eine Kette,
Reicht' mit ihren weißen Händen
Mir die allerschönste Perle.«

»Nur ein Wort von fremdem Klange
Sprach sie da mit rothem Munde,
Doch im Herzen ewig stehen
Wird des Wort's geheime Kunde.«

»Seitdem saß ich wie gebannt dort,
Und wenn neu der Lenz erwachte,
Immer von dem Halsgeschmeide
Eine Perle sie mir brachte.«

»Ich barg all' im Waldesgrunde,
Und aus jeder Perl der Fraue
Sproßte eine Blum' zur Stunde,
Wie ihr Auge anzuschauen.«

»Und so bin ich aufgewachsen,
Thät der Blumen treulich warten,
Schlummert' oft und träumte golden
In dem schwülen Waldes-Garten.«

»Fortgespült ist nun der Garten
Und die Blumen all' verschwunden,
Und die Gegend, wo sie standen,
Hab' ich nimmermehr gefunden.«

»In der Fern' liegt jetzt mein Leben,
Breitend sich wie junge Träume,
Schimmert stets so seltsam lockend
Durch die alten, dunklen Bäume.«

»Jetzt erst weiß ich, was der Vogel
Ewig ruft so bange, bange,
Unbekannt zieht ew'ge Treue
Mich hinunter zu dem Sange.«

»Wie die Wälder kühle rauschen,
Zwischendurch das alte Rufen,
Wo bin ich so lang' gewesen? –
O ich muß hinab zur Ruhe!«

Und es stieg vom Schloß hinunter
Schnell der süße Florimunde,
Weit hinab und immer weiter
Zu dem dunkelgrünen Grunde.

Hört' die Ströme stärker rauschen,
Sah in Nacht des Vaters Burge
Stillerleuchtet ferne stehen,
Alles Leben weit versunken.

Und der Vater schaut' vom Berge,
Schaut' zum dunklen Grunde immer,
Regte sich der Wald so grausig,
Doch den Sohn erblickt' er nimmer.

Und es kam der Winter balde,
Und viel' Lenze kehrten wieder,
Doch der Vogel in dem Walde
Sang nie mehr die Wunderlieder.

Und das Waldhorn war verklungen
Und die Zauberin verschwunden,
Wollte keinen andern haben
Nach dem süßen Florimunde. –

Der Kühne.

Und wo noch kein Wandrer gegangen,
Hoch über Jäger und Roß
Die Felsen im Abendroth hangen
Als wie ein Wolkenschloß.

Dort zwischen den Zinnen und Spitzen
Von wilden Nelken umblüht,
Die schönen Waldfrauen sitzen
Und singen im Wind ihr Lied.

Der Jäger schaut nach dem Schlosse:
Die droben das ist mein Lieb! –
Er sprang vom scheuenden Rosse,
Weiß keiner, wo er blieb.

Der Wachtthurm.

Ich sah im Mondschein liegen
Die Felsen und das Meer,
Ich sah ein Schifflein fliegen
Still durch die Nacht daher.

Ein Ritter saß am Steuer,
Ein Fräulein stand am Bord,
Im Winde weht ihr Schleier,
Die sprachen kein einzig Wort.

Ich sah verfallen grauen
Das hohe Königshaus,
Den König steh'n und schauen
Vom Thurm in's Meer hinaus.

Und als das Schiff verschwunden
Er warf seine Krone nach,
Und aus dem tiefen Grunde
Das Meer wehklagend brach.

Das war der kühne Buhle,
Der ihm sein Kind geraubt,
Der König, der verfluchet
Der eig'nen Tochter Haupt.

Da hat das Meer mit Toben
Verschlungen Ritter und Maid,
Der König starb da droben
In seiner Einsamkeit.

Nun jede Nacht vor Sturme
Das Schiff vorüberzieht,
Der König von dem Thurme
Nach seinem Kinde sieht.

Der stille Freier.

Mond, der Hirt, lenkt seine Heerde
Einsam über'n Wald herauf,

Unten auf der stillen Erde
Wacht verschwieg'ne Liebe auf.

Fern vom Schlosse Glocken schlagen
Ueber'n Wald her von der Höh
Bringt der Wind den Schall getragen,
Und erschrocken lauscht das Reh.

Nächtlich um dieselbe Stunde
Hallet Hufschlag, schnaubt ein Roß,
Macht ein Ritter seine Runde
Schweigend um der Liebsten Schloß.

Wenn die Morgensterne blinken,
Todtenbleich der Hirte wird,
Und sie müssen all' versinken:
Reiter, Heerde und der Hirt.

Der Bräutigam.

Von allen Bergen nieder
So fröhlich Grüßen schallt –
Das ist der Frühling wieder,
Der ruft zum grünen Wald!

Ein Liedchen ist erklungen
Herauf zum stillen Schloß –
Dein Liebster hat's gesungen
Der hebt Dich auf sein Roß.

Wir reiten so geschwinde,
Von allen Menschen weit. –
Da rauscht die Luft so linde
In Waldeseinsamkeit.

Wohin? Im Mondenschimmer
So bleich der Wald schon steht. –
Leis rauscht die Nacht – frag' nimmer,
Wo Lieb' zu Ende geht!

Die Brautfahrt.

Durch des Meeresschlosses Hallen
Auf bespültem Felsenhang,
Weht der Hörner festlich Schallen;
Froher Hochzeitgäste Drang,
Bei der Kerzen Zauberglanze,
Wogt im buntverschlung'nen Tanze.

Aber an des Fensters Bogen,
Ferne von der lauten Pracht,
Schaut der Bräut'gam in die Wogen
Draußen in der finstern Nacht,
Und die trunk'nen Blicke schreiten
Furchtlos durch die öden Weiten.

»Lieblich,« sprach der wilde Ritter
Zu der zarten, schönen Braut,
»Lieblich girrt die sanfte Ziter –
Sturm ist *meiner* Seele Laut,

Und der Wogen dumpfes Brausen
Hebt das Herz in kühnem Grausen.

Ich kann hier nicht müßig lauern,
Treiben auf dem flachen Sand,
Dieser Kreis von Felsenmauern
Hält mein Leben nicht umspannt;
Schön're Länder blühen ferne,
Das verkünden mir die Sterne.

Du mußt glauben, Du mußt wagen,
Und, den Argonauten gleich,
Wird die Woge fromm Dich tragen
In das wunderbare Reich;
Muthig streitend mit den Winden,
Muß ich meine Heimath finden!

Siehst Du, heißer Sehnsucht Flügel,
Weiße Seegel dort gespannt?
Hörst Du tief die feuchten Hügel
Schlagen an die Felsenwand?
Das ist Sang zum Hochzeitsreigen –
Willst Du mit mir niedersteigen?

Kannst Du rechte Liebe fassen,
Nun so frage, zaudre nicht!
Schloß und Garten mußt Du lassen
Und der Aeltern Angesicht –
Auf der Fluth mit mir alleine,
Da erst, Liebchen, bist Du meine!«

Schweigend sieht ihn an die milde
Braut mit schauerlicher Lust,
Sinkt dem kühnen Ritterbilde
Trunken an die stolze Brust.
»Dir hab ich mein Loos ergeben
Schalte nun mit meinem Leben.«

Und er trägt die süße Beute
Jubelnd aus dem Schloß auf's Schiff,
Drunten harren seine Leute,
Stoßen froh vom Felsenriff;
Und die Hörner leis verhallen,
Einsam rings die Wogen schallen.

Wie die Sterne matter blinken
In die morgenrothe Fluth,
Sieht sie fern die Berge sinken,
Flammend steigt die hehre Gluth,
Ueber' m Spiegel trunkner Wellen
Rauschender die Segel schwellen.

Monde steigen und sich neigen,
Lieblich weht schon fremde Luft,
Da seh'n sie ein Eiland steigen
Feenhaft aus blauem Duft,
Wie ein farb'ger Blumenstreifen –
Meerwärts fremde Vögel schweifen.

Alle faßt ein freud'ges Beben –
Aber dunkler rauscht das Meer,
Schwarze Wetter schwer sich heben,

Stille wird es ringsumher,
Und nur freudiger und treuer
Steht der Ritter an dem Steuer.

Und nun flattern wilde Blitze,
Sturm ras't um den Felsenriff,
Und von grimmer Wogen Spitze
Stürzt geborsten sich das Schiff.
Schwankend auf des Mastes Splitter,
Schlingt die Braut sich um den Ritter.

Und die Müde in den Armen,
Springt er abwärts, sinkt und ringt,
Hält den Leib, den blühendwarmen,
Bis er alle Wogen zwingt,
Und am Blumenstrand gerettet,
Auf das Gras sein Liebstes bettet.

»Wache auf, wach' auf, Du Schöne!
Liebesheimath ringsum lacht,
Zaubrisch ringen Duft und Töne,
Wunderbarer Blumen Pracht
Funkelt rings im Morgengolde –
Schau um Dich! wach auf, Du Holde!«

Aber frei von Lust und Kummer
Ruht die liebliche Gestalt
Lächelnd noch im längsten Schlummer,
Und das Herz ist still und kalt,
Still der Himmel, still im Meere,
Schimmernd rings des Thaues Zähre.

Und er sinkt zu ihr vor Schmerzen,
Einsam in dem fremden Thal,
Thränen aus dem wilden Herzen
Brechen da zum Erstenmal,
Und vor diesem Todesbilde
Wird die ganze Seele milde.

Von der langen Täuschung trennt er
Schauernd sich — der Stolz entweicht,
Andre Heimath nun erkennt er,
Die kein Segel hier erreicht,
Und an ächten Schmerzen ranken
Himmelwärts sich die Gedanken.

Schweigend scharrt er ein die Stille,
Pflanzt ein Kreuz hoch auf ihr Grab,
Wirft von sich die seid'ne Hülle,
Leget Schwert und Mantel ab,
Kleidet sich in rauhe Felle,
Haut in Fels sich die Kapelle.

Ueber'm Rauschen dunkler Wogen
In der wilden Einsamkeit,
Hausend auf dem Felsenbogen,
Ringt er fromm mit seinem Leid,
Hat, da manches Jahr entschwunden,
Heimath, Braut und Ruh' gefunden. —

Viele Schiffe drunten gehen
An dem schönen Inselland,
Sehen hoch das Kreuz noch stehen,

Warnend von der Felsenwand;
Und des strengen Büßers Kunde
Gehet fromm von Mund zu Munde.

Der zaubrische Spielmann.

Nächtlich in dem stillen Grunde,
Wenn das Abendroth versank,
Um das Waldschloß in die Runde
Ging ein lieblicher Gesang.

Fremde waren diese Weisen,
Und der Sänger unbekannt,
Aber, wie in Zauberkreisen,
Hielt er jede Brust gebannt.

Hinter blüh'nden Mandelbäumen
Auf dem Schloß das Fräulein lauscht –
Drunten alle Blumen träumen,
Wollüstig der Garten rauscht.

Und die Wellen buhlend klingen,
Ringend in geheimer Lust
Kommt das wunderbare Singen
An die süß verträumte Brust.

»Warum weckst Du das Verlangen,
Das ich kaum zur Ruh gebracht?
Siehst Du hoch die Lilien prangen?
Böser Sänger, gute Nacht!

Sieh', die Blumen steh'n voll Thränen,
Einsam die Viole wacht,
Als wollt' sie sich schmachtend dehnen
In die warme Sommernacht.

Wohl von süßem, rothem Munde
Kommt so holden Sanges Macht –
Bleibst Du ewig dort im Grunde,
Unerkannt in stiller Nacht?

Ach, im Wind verfliegt mein Grüßen!
Einmal, eh' der Tag erwacht,
Möcht' ich Deinen Mund nur küssen,
Sterbend so in süßer Nacht!

Nachtigall, verliebte, klage
Nicht so schmeichelnd durch die Nacht! –
Ach! ich weiß nicht was ich sage,
Krank bin ich und überwacht.«

Also sprach sie, und die Lieder
Lockten stärker aus dem Thal,
Rings durch's ganze Thal hallt's wieder
Von der Liebe Lust und Qual.

Und sie konnt' nicht widerstehen,
Enge ward ihr das Gemach,
Aus dem Schlosse mußt' sie gehen
Diesem Zauberstrome nach.

Einsam steigt sie von den Stufen
Ach! so schwüle weht der Wind:
Draußen süß die Stimmen rufen
Immerfort das schöne Kind.

Alle Blumen trunken lauschen,
Von den Klängen hold durchirrt,
Lieblicher die Brunnen rauschen,
Und sie eilet süß verwirrt. –

Wohl am Himmel auf und nieder
Trieb der Hirt die gold'ne Schaar,
Die Verliebte kehrt nicht wieder,
Leer nun Schloß und Garten war.

Und der Sänger seit der Stunde
Nicht mehr weiter singen will,
Rings im heimlich kühlen Grunde
War's vor Liebe seelig still.

Verloren.

Still bei Nacht fährt manches Schiff,
Meerfey kämmt ihr Haar am Riff,
Hebt von Inseln an zu singen,
Die im Meer dort untergingen.

Wann die Morgenwinde wehn,
Ist nicht Riff noch Fey zu sehn,

Und das Schifflein ist versunken,
Und der Schiffer ist ertrunken.

Der Gefangene.

In gold'ner Morgenstunde,
Weil alles freudig stand,
Da ritt im heitern Grunde
Ein Ritter über Land.

Rings sangen auf das beste
Die Vöglein mannigfalt,
Es schüttelte die Aeste
Vor Lust der grüne Wald.

Den Nacken, stolz gebogen,
Klopft er dem Rösselein –
So ist er hingezogen
Tief in den Wald hinein.

Sein Roß hat er getrieben,
Ihn trieb der frische Muth:
»Ist alles fern geblieben,
So ist mir wohl und gut!«

Mit Freuden mußt' er sehen
Im Wald' ein' grüne Au,
Wo Brünnlein kühle gehen,
Von Blumen roth und blau.

Vom Roß ist er gesprungen,
Legt sich zum kühlen Bach,
Die Wellen lieblich klungen,
Das ganze Herz zog nach.

So grüne war der Rasen,
Es rauschte Bach und Baum,
Sein Roß thät stille grasen,
Und alles wie ein Traum.

Die Wolken sah er gehen,
Die schifften immer zu,
Er konnt' nicht widerstehen, –
Die Augen sanken ihm zu.

Nun hört' er Stimmen rinnen,
Als wie der Liebsten Gruß,
Er konnt' sich nicht besinnen –
Bis ihn erweckt ein Kuß.

Wie prächtig glänzt die Aue!
Wie Gold der Quell nun floß,
Und einer süßen Fraue
Lag er im weichen Schooß.

»Herr Ritter! wollt Ihr wohnen
Bei mir im grünen Haus:
Aus allen Blumenkronen
Wind' ich Euch einen Strauß!

Der Wald ringsum wird wachen,
Wie wir beisammen sein,
Der Kukuk schelmisch lachen,
Und alles fröhlich sein.«

Es bog ihr Angesichte
Auf ihn den süßen Leib,
Schaut mit den Augen lichte
Das wunderschöne Weib.

Sie nahm sein'n Helm herunter,
Löst' Krause ihm und Bund,
Spielt' mit den Locken munter,
Küßt ihm den rothen Mund.

Und spielt' viel' süße Spiele
Wohl in geheimer Lust,
Es flog so kühl und schwüle
Ihm um die off'ne Brust.

Um ihn nun thät sie schlagen
Die Arme weich und bloß,
Er konnte nichts mehr sagen,
Sie ließ ihn nicht mehr los.

Und diese Au zur Stunde
Ward ein krystallnes Schloß,
Der Bach ein Strom, gewunden
Ringsum, gewaltig floß.

Auf diesem Strome gingen
Viel' Schiffe wohl vorbei,
Es konnt' ihn keines bringen
Aus böser Zauberei.

Der traurige Jäger.

Zur ew'gen Ruh sie sangen
Die schöne Müllerin,
Die Sterbeglocken klangen
Noch über'n Waldgrund hin.

Da steht ein Fels so kühle,
Wo keine Wandrer geh'n,
Noch einmal nach der Mühle
Wollt' dort der Jäger sehn.

Die Wälder rauschten leise,
Sein Jagen war vorbei,
Der blies so irre Weise,
Als müßt' das Herz entzwei.

Und still dann in der Runde
Ward's über Thal und Höh'n,
Man hat seit dieser Stunde
Ihn nimmer mehr geseh'n.

Der stille Grund.

Der Mondenschein verwirret
Die Thäler weit und breit,
Die Bächlein wie verirret
Geh'n durch die Einsamkeit.

Da drüben sah ich stehen
Den Wald auf steiler Höh,
Die finstern Tannen sehen
In einen tiefen See.

Ein Kahn wohl sah ich ragen,
Doch niemand, der es lenkt,
Das Ruder war zerschlagen,
Das Schifflein halb versenkt.

Eine Nixe auf dem Steine
Flocht dort ihr gold'nes Haar,
Sie meint', sie wär' alleine,
Und sang so wunderbar.

Sie sang und sang, in den Bäumen
Und Quellen rauscht' es sacht
Und flüsterte wie in Träumen
Die mondbeglänzte Nacht.

Ich aber stand erschrocken,
Denn über Wald und Kluft
Klangen die Morgenglocken.
Schon ferne durch die Luft.

Und hätt' ich nicht vernommen
Den Klang zu guter Stund',
Wär' nimmermehr gekommen
Aus diesem stillen Grund.

Nachtwanderer.

Er reitet Nachts auf einem braunen Roß,
Er reitet vorüber an manchem Schloß:
Schlaf' droben, mein Kind, bis der Tag erscheint,
Die finstre Nacht ist des Menschen Feind!

Er reitet vorüber an einem Teich,
Da stehet ein schönes Mädchen bleich
Und singt, ihr Hemdlein flattert im Wind:
Vorüber, vorüber, mir graut vor dem Kind!

Er reitet vorüber an einem Fluß,
Da ruft ihm der Wassermann seinen Gruß,
Taucht wieder unter dann mit Gesaus,
Und stille wird's über dem kühlen Haus.

Wenn Tag und Nacht in verworrenem Streit,
Schon Hähne krähen in Dörfern weit,
Da schauert sein Roß und wühlet hinab,
Scharret ihm schnaubend sein eigenes Grab.

Die Nonne und der Ritter.

Da die Welt zur Ruh' gegangen,
Wacht mit Sternen mein Verlangen;
In der Kühle muß ich lauschen,
Wie die Wellen unten rauschen.

»Fernher mich die Wellen tragen,
Die an's Land so traurig schlagen
Unter Deines Fensters Gitter,
Fraue, kennst Du noch den Ritter?«

Ist's doch, als ob seltsam' Stimmen
Durch die lauen Lüfte schwimmen;
Wieder hat's der Wind genommen –
Ach, mein Herz ist so beklommen!

»Drüben liegt Dein Schloß verfallen,
Klagend in den öden Hallen
Aus dem Grund der Wald mich grüßte –
'S war, als ob ich sterben müßte.«

Alte Klänge blühend schreiten!
Wie aus lang versunk'nen Zeiten
Will mich Wehmuth noch bescheinen,
Und ich möcht' von Herzen weinen.

»Ueber'm Walde blitzt's von Weitem,
Wo um Christi Grab sie streiten;
Dorthin will mein Schiff ich wenden,
Da wird alles, alles enden!«

Geht ein Schiff, ein Mann stand drinne –
Falsche Nacht, verwirrst die Sinne,
Welt, Ade! Gott woll' bewahren,
Die noch irr im Dunkeln fahren.

Der Kämpe.

Nach drei Jahren kam gefahren
Einsam auf dem Rhein ein Schiff,
Drin gebunden und voll Wunden
Lag ein Rittersmann und rief:

»Still den Garten schön' thust warten
Bleibst am Fenster ofte steh'n,
Ruhig scheinst Du, heimlich weinst Du,
Wie die Schiffe unten geh'n.«

»Was vertraust Du, warum baust Du
Auf der Männer wilde Brust,
Die das Blut ziert und der Streit rührt
Und die schöne Todeslust!«

Oben spinnend, saß sie sinnend –
Schwanden Schiff und Tageslicht,
Was er sunge, war verklungen,
Sie erkannt' den Liebsten nicht.

Waldmädchen.

Bin ein Feuer hell, das lodert
Von dem grünen Felsenkranz,
Seewind ist mein Buhl' und fodert
Mich zum lust'gen Wirbeltanz,
Kommt und wechselt unbeständig.
Steigend wild,
Neigend mild,
Meine schlanken Lohen wend' ich:
Komm nicht nach mir, ich verbrenn' Dich!

Wo die wilden Bäche rauschen
Und die hohen Palmen steh'n,
Wenn die Jäger heimlich lauschen,
Viele Rehe einsam geh'n.
Bin ein Reh, flieg' durch die Trümmer,
Ueber die Höh',
Wo im Schnee
Still die letzten Gipfel schimmern,
Folg' mir nicht, erjagst mich nimmer!

Bin ein Vöglein in den Lüften,
Schwing' mich über's blaue Meer,
Durch die Wolken von den Klüften
Fliegt kein Pfeil mehr bis hieher,
Und die Au'n und Felsenbogen,
Waldeseinsamkeit
Weit, wie weit,
Sind versunken in die Wogen –
Ach, ich habe mich verflogen!

Auf einer Burg.

Eingeschlafen auf der Lauer
Oben ist der alte Ritter;
Drüber gehen Regenschauer,
Und der Wald rauscht durch das Gitter.

Eingewachsen Bart und Haare,
Und versteinert Brust und Krause,
Sitzt er viele hundert Jahre
Oben in der stillen Klause.

Draußen ist es still und friedlich,
Alle sind in's Thal gezogen,
Waldesvögel einsam singen
In den leeren Fensterbogen.

Eine Hochzeit fährt da unten
Auf dem Rhein im Sonnenscheine
Musikanten spielen munter,
Und die schöne Braut die weinet.

SCHLÄFT EIN LIED IN ALLEN DINGEN

Das Bilderbuch.

Von der Poesie sucht Kunde
Mancher im gelehrten Buch,
Nur des Lebens schöne Runde
Lehret Dich den Zauberspruch,
Doch in stillgeweihter Stunde
Will das Buch erschlossen sein;
Und so blick' ich heut hinein,
Wie ein Kind im Frühlingswetter
Fröhlich Bilderbücher blättert,
Und es schweift der Sonnenschein
Auf den buntgemalten Lettern,
Und gelinde weht der Wind
Durch die Blumen, durch das Herz
Alte Freuden, alten Schmerz –
Weinen möcht' ich, wie ein Kind!

Morgenständchen.

In den Wipfeln frische Lüfte,
Fern melod'scher Quellen Fall,
Durch die Einsamkeit der Klüfte
Waldeslaut und Vogelschall,
Scheuer Träume Spielgenossen,
Steigen all' beim Morgenschein
Auf des Weinlaubs schwanken Sprossen,
Dir in's Fenster aus und ein.
Und wir nah'n noch halb in Träumen,
Und wir thun in Klängen kund,
Was da draußen in den Bäumen
Singt der weite Frühlingsgrund.
Regt der Tag erst laut die Schwingen:
Sind wir Alle wieder weit –
Aber tief im Herzen klingen
Lange nach noch Lust und Leid.

Liedesmuth.

Was Lorbeerkranz und Lobestand!
Es duftet still die Frühlingsnacht
Und rauscht der Wald vom Felsenrand,
Ob's jemand hört, ob niemand wacht.

Es schläft noch alles Menschenkind,
Da pfeift sein lust'ges Wanderlied
Schon über's Feld der Morgenwind
Und frägt nicht erst, wer mit ihm zieht.

Und ob ihr all' zu Hause saßt,
Der Frühling blüht doch, weil er muß,
Und ob ihr's les't oder bleiben laßt,
Ich singe doch aus frischer Brust.

Aussicht.

Komm zum Garten denn, Du Holde!
In den warmen, schönen Tagen
Sollst Du Blumenkränze tragen,
Und vom kühl krystall'nen Golde
Mit den frischen, rothen Lippen,
Eh' ich trinke, lächelnd nippen.
Ohne Maaß dann, ohne Richter,
Küssend, trinkend singt der Dichter
Lieder, die von selbst entschweben:
Wunderschön ist doch das Leben!

Abendständchen.

Schlafe, Liebchen, weil's auf Erden
Nun so still und seltsam wird!
Oben geh'n die gold'nen Heerden,
Für uns alle wacht der Hirt.

In der Ferne ziehn Gewitter;
Einsam auf dem Schifflein schwank,
Greif' ich draußen in die Ziter,
Weil mir gar so schwül und bang.

Schlingend sich an Bäum' und Zweigen
In Dein stilles Kämmerlein,
Wie auf gold'nen Leitern, steigen
Diese Töne aus und ein.

Und ein wunderschöner Knabe
Schifft hoch über Thal und Kluft,
Rührt mit seinem gold'nen Stabe
Säuselnd in der lauen Luft.

Und in wunderbaren Weisen
Singt er ein uraltes Lied,
Das in linden Zauberkreisen
Hinter seinem Schifflein zieht.

Ach, den süßen Klang verführet
Weit der buhlerische Wind,
Und durch Schloß und Wand ihn spüret
Träumend jedes schöne Kind.

Heimweh.
An meinen Bruder.

Du weißt's, dort in den Bäumen
Schlummert ein Zauberbann,
Und Nachts oft, wie in Träumen,
Fängt der Garten zu singen an.

Nachts durch die stille Runde
Weht's manchmal bis zu mir,

Da ruf' ich aus Herzensgrunde,
O Bruderherz, nach dir.

So fremde sind die Andern,
Mir graut im fremden Land,
Wir wollen zusammen wandern,
Reich' treulich mir die Hand!

Wir wollen zusammen ziehen,
Bis daß wir wandermüd'
Auf des Vaters Grabe knieen
Bei dem alten Zauberlied.

Weihnachten.

Markt und Straßen steh'n verlassen,
Still erleuchtet jedes Haus,
Sinnend geh' ich durch die Gassen,
Alles sieht so festlich aus.

An den Fenstern haben Frauen
Buntes Spielzeug fromm geschmückt,
Tausend Kindlein steh'n und schauen,
Sind so wunderstill beglückt.

Und ich wandre aus den Mauern
Bis hinaus in's freie Feld,
Hehres Glänzen, heil'ges Schauern!
Wie so weit und still die Welt!

Sterne hoch die Kreise schlingen,
Aus des Schnees Einsamkeit
Steigt's wie wunderbares Singen —
O du gnadenreiche Zeit!

Wünschelruthe.

Schläft ein Lied in allen Dingen,
Die da träumen fort und fort,
Und die Welt hebt an zu singen,
Triffst Du nur das Zauberwort.

ACH, DIE HEIMATH HINTER DEN GIPFELN

Was wisset Ihr, dunkele Wipfeln,
Von der alten schönen Zeit?
Ach, die Heimath hinter den Gipfeln,
Wie liegt sie von hier so weit.

Erinnerung.

1.

Lindes Rauschen in den Wipfeln,
Vöglein, die ihr fernab fliegt,
Bronnen von den stillen Gipfeln,
Sagt, wo meine Heimath liegt?

Heut' im Traum sah ich sie wieder,
Und von allen Bergen ging
Solches Grüßen zu mir nieder,
Daß ich an zu weinen fing.

Ach, hier auf den fremden Gipfeln:
Menschen, Quellen, Fels und Baum,
Wirres Rauschen in den Wipfeln, –
Alles ist mir wie ein Traum.

2.

Die fernen Heimathhöhen,
Das stille hohe Haus,
Der Berg, von dem ich gesehen
Jeden Frühling in's Land hinaus,
Mutter, Freunde und Brüder,
An die ich so oft gedacht,
Es grüßt mich alles wieder,
In stiller Mondesnacht.

Heimweh.

Wer in die Fremde will wandern,
Der muß mit der Liebsten gehn,
Es jubeln und lassen die Andern
Den Fremden alleine stehn.

Was wisset Ihr, dunkele Wipfeln,
Von der alten schönen Zeit?
Ach, die Heimath hinter den Gipfeln,
Wie liegt sie von hier so weit.

Am liebsten betracht' ich die Sterne,
Die schienen, wenn ich ging zu ihr,
Die Nachtigall hör' ich so gerne,
Sie sang vor der Liebsten Thür.

Der Morgen, das ist meine Freude!
Da steig' ich in stiller Stund'
Auf den höchsten Berg in die Weite,
Grüß Dich Deutschland aus Herzensgrund!

An meinen Bruder.

Gedenkst du noch des Gartens
Und Schlosses über'm Wald,
Des träumenden Erwartens:
Ob's denn nicht Frühling bald?

Der Spielmann war gekommen,
Der jeden Lenz singt aus,
Er hat uns mitgenommen
In's blüh'nde Land hinaus.

Wie sind wir doch im Wandern
Seitdem so weit zerstreut!
Frägt Einer nach dem Andern,
Doch Niemand giebt Bescheid.

Nun steht das Schloß versunken
Im Abendrothe tief,
Als ob dort traumestrunken
Der alte Spielmann schlief'.

Gestorben sind die Lieben,
Das ist schon lange her,
Die Wen'gen, die geblieben,
Sie kennen uns nicht mehr.

Und fremde Leute gehen
Im Garten vor dem Haus –
Doch über'n Garten sehen
Nach *uns* die Wipfel aus.

Doch rauscht der Wald im Grunde
Fort durch die Einsamkeit
Und giebt noch immer Kunde
Von unsrer Jugendzeit.

Bald mächt'ger und bald leise
In jeder guten Stund'
Geht diese Waldes-Weise
Mir durch der Seele Grund.

Und stamml' ich auch nur bange,
Ich sing' es, weil ich muß,
Du hörst doch in dem Klange
Den alten Heimathsgruß.

In der Fremde.

Aus der Heimath hinter den Blitzen roth
Da kommen die Wolken her,
Aber Vater und Mutter sind lange todt,
Es kennt mich dort keiner mehr.
Wie bald, wie bald kommt die stille Zeit,
Da ruhe ich auch, und über mir
Rauschet die schöne Waldeinsamkeit
Und keiner mehr kennt mich auch hier.

LASS, MEIN HERZ, DAS BANGE TRAUERN

O laß die Sehnsucht ganz dein Herz durchdringen!
So legt sich blühend um die Welt dein Trauern
Und himmlisch wird dein Schmerz und deine Sorgen.

Laß das Trauern.

Laß, mein Herz, das bange Trauern
Um vergang'nes Erdenglück,
Ach, von diesen Felsenmauern
Schweifet nur umsonst der Blick!

Sind denn alle fortgegangen:
Jugend, Sang und Frühlingslust?
Lassen, scheidend, nur Verlangen
Einsam mir in meiner Brust?

Vöglein hoch in Lüften reisen,
Schiffe fahren auf der See,
Ihre Segel, ihre Weisen
Mehren nur des Herzens Weh.

Ist vorbei das bunte Ziehen,
Lustig über Berg und Kluft,
Wenn die Bilder wechselnd fliehen,
Waldhorn immer weiter ruft?

Soll die Lieb' auf sonn'gen Matten
Nicht mehr bau'n ihr prächtig Zelt,
Uebergolden Wald und Schatten
Und die weite, schöne Welt? –

Laß das Bangen, laß das Trauern,
Helle wieder nur den Blick!
Fern von dieser Felsen Mauern,
Blüht Dir noch gar manches Glück!

Der Kranke.

Soll ich Dich denn nun verlassen,
Erde, heit'res Vaterhaus?
Herzlich Lieben, muthig Hassen,
Ist denn alles, alles aus?

Vor dem Fenster durch die Linden
Spielt es wie ein linder Gruß,
Lüfte, wollt ihr mir verkünden,
Daß ich bald hinunter muß? –

Liebe, ferne, blaue Hügel,
Stiller Fluß im Thales-Grün,
Ach, wie oft wünscht' ich mir Flügel,
Ueber euch hinweg zu zieh'n!

Da sich jetzt die Flügel dehnen
Schaur' ich in mich selbst zurück,
Und ein unbeschreiblich Sehnen
Zieht mich zu der Welt zurück.

Zwielicht.

Dämmrung will die Flügel spreiten,
Schaurig rühren sich die Bäume,
Wolken zieh'n wie schwere Träume –
Was will dieses Grau'n bedeuten?

Hast ein Reh du, lieb vor andern,
Laß es nicht alleine grasen,
Jäger zieh'n im Wald' und blasen,
Stimmen hin und wieder wandern.

Hast du einen Freund hienieden,
Trau ihm nicht zu dieser Stunde,
Freundlich wohl mit Aug' und Munde,
Sinnt er Krieg im tück'schen Frieden.

Was heut müde gehet unter,
Hebt sich morgen neugeboren.
Manches bleibt in Nacht verloren –
Hüte dich, bleib' wach und munter!

Wahl.

Der Tanz, der ist zerstoben,
Die Musik ist verhallt,
Nun kreisen Sterne droben,
Zum Reigen singt der Wald.

Sind alle fortgezogen,
Wie ist's nun leer und todt!
Du rufst vom Fensterbogen:
»Wann kommt der Morgenroth!«

Mein Herz möcht' mir zerspringen,
Darum so wein' ich nicht,

Darum so muß ich singen
Bis daß der Tag anbricht.

Eh' es beginnt zu tagen:
Der Strom geht still und breit,
Die Nachtigallen schlagen,
Mein Herz wird mir so weit!

Du trägst so rothe Rosen,
Du schaust so freudenreich,
Du kannst so fröhlich kosen,
Was stehst Du still und bleich?

Und laß sie geh'n und treiben
Und wieder nüchtern sein,
Ich will wohl bei Dir bleiben!
Ich will Dein Liebster sein!

Umkehr.

Leben kann man nicht von Tönen,
Poesie geht ohne Schuh,
Und so wandt' ich denn der Schönen
Endlich auch den Rücken zu.

Lange durch die Welt getrieben
Hat mich nun die irre Hast,
Immer doch bin ich geblieben
Nur ein ungeschickter Gast.

Ueberall zu spät zum Schmause
Kam ich, wenn die andern voll,
Trank die Neigen vor dem Hause,
Wußt' nicht, wem ich's trinken soll.

Mußt' mich vor Fortuna bücken
Ehrfurchtsvoll bis auf die Zeh'n,
Vornehm wandt' sie mir den Rücken,
Ließ mich so gebogen stehn.

Und als ich mich aufgerichtet
Wieder frisch und frei und stolz,
Sah ich Berg' und Thal gelichtet,
Blühen jedes dürre Holz.

Welt hat eine plumpe Pfote,
Wandern kann man ohne Schuh –
Deck' mit Deinem Morgenrothe
Wieder nur den Wandrer zu!

Zweifel.

Könnt' es jemals denn verblühen,
Dieses Glänzen, dieses Licht,
Das durch Arbeit, Sorgen, Mühen
Wie der Tag durch Wolken bricht,
Blumen, die so farbig glühen,
Um das öde Leben flicht?

Golden sind des Himmels Säume,
Abwärts ziehen Furcht und Nacht,
Rüstig rauschen Ström' und Bäume
Und die heitre Runde lacht,
Ach, das sind nicht leere Träume,
Was im Busen da erwacht!

Bunt verschlingen sich die Gänge,
Tost die Menge her und hin,
Schallen zwischendrein Gesänge,
Die durch's Ganze golden ziehn,
Still begegnet im Gedränge
Dir des Lebens ernster Sinn.

Und das Herz denkt sich verloren,
Besser Andrer Thun und Wust,
Fühlt sich wieder dann erkoren,
Ewig einsam doch die Brust.
O des Wechsels, o des Thoren,
O der Schmerzen, o der Lust!

Ablösung.

Wir saßen gelagert im Grünen,
So traulich und lustig gesellt,
Die Lichter des Frühlings schienen
Hold spielend durch's grüne Gezelt.

Im Frühlingsglanz still auf und nieder
Ergingen der Frauen sich viel,

Und liebliche Augen und Lieder
Sie hielten ein herzliches Spiel.

Und unten von Thälern und Flüssen
Ein schallendes, wirrendes Reich –
O freudiges erstes Begrüßen
Von Leben und Lieben zugleich!

Verlassen nun stehen die Räume,
Es schauen und rauschen allein
Die groß gewordenen Bäume
So ernst in die Stille herein.

Von Allen, die dort sonst gesessen,
Es sehnet sich niemand hieher,
Sie haben den Frühling vergessen,
Kennt keiner den andern mehr.

Und wie ich so sinn' und erwachen
Die alten Lieder in mir!
Da hör' ich auf einmal ein Lachen
Und Schallen im grünen Revier.

Und fröhliche Lieder erklangen
Aus Herzensgrunde so recht,
Und unter den Bäumen ergangen
Erblick' ich ein ander Geschlecht.

Geöffnet bleibt ewig zum Feste
Des Frühlings lustiges Haus,

Es schwärmen so wechselnd die Gäste
Da immer herein und heraus.

Die vorigen Lieder verhallen,
Wir sinken verblühend hinab,
Und neue Gesänge erschallen
Hoch über dem blühenden Grab.

Bei Halle.

Da steht eine Burg über'm Thale
Und schaut in den Strom hinein,
Das ist die fröhliche Saale,
Das ist der Gibichenstein.

Da hab' ich so oft gestanden,
Es blühten Thäler und Höh'n,
Und seitdem in allen Landen
Sah ich nimmer die Welt so schön!

Durch's Grün da Gesänge schallten,
Von Rossen, zu Lust und Streit,
Schauten viel schlanke Gestalten,
Gleichwie in der Ritterzeit.

Wir waren die fahrenden Ritter,
Eine Burg war noch jedes Haus,
Es schaute durch's Blumengitter
Manch schönes Fräulein heraus.

Das Fräulein ist alt geworden,
Und unter Philistern umher
Zerstreut ist der Ritterorden,
Kennt Keiner den Andern mehr.

Auf dem verfallenen Schlosse,
Wie der Burggeist, halb im Traum,
Steh' ich jetzt ohne Genossen
Und kenne die Gegend kaum.

Und Lieder und Lust und Schmerzen,
Wie liegen sie nun so weit –
O Jugend, wie thut im Herzen
Mir deine Schönheit so leid.

Vorbei.

Das ist der alte Baum nicht mehr,
Der damals hier gestanden,
Auf dem ich gesessen im Blüthenmeer
Ueber den sonnigen Landen.

Das ist der Wald nicht mehr, der sacht
Vom Berge rauschte nieder,
Wenn ich vom Liebchen ritt bei Nacht,
Das Herz voll neuer Lieder.

Das ist nicht mehr das tiefe Thal
Mit den grasenden Rehen,

In das wir Nachts viel tausendmal
Zusammen hinausgesehen. –

Es ist der Baum noch, Thal und Wald,
Die Welt ist jung geblieben,
Du aber wurdest seitdem alt,
Vorbei ist das schöne Lieben.

Das Ständchen.

Auf die Dächer zwischen blassen
Wolken schaut der Mond herfür,
Ein Student dort auf der Gassen
Singt vor seiner Liebsten Thür.

Und die Brunnen rauschen wieder
Durch die stille Einsamkeit
Und der Wald vom Berge nieder,
Wie in alter schöner Zeit.

So in meinen jungen Tagen
Hab' ich manche Sommernacht
Auch die Laute hier geschlagen
Und manch lust'ges Lied erdacht.

Aber von der stillen Schwelle
Trugen sie mein Lieb' zur Ruh –
Und du, fröhlicher Geselle,
Singe, sing' nur immer zu!

Weltlauf.

Was du gestern frisch gesungen,
Ist doch heute schon verklungen
Und beim letzten Klange schreit
Alle Welt nach Neuigkeit.

War ein Held, der legt verwegen
Einstmals seinen blut'gen Degen
Als wie Gottes schwere Hand
Ueber das erschrock'ne Land.

Mußt's doch blüh'n und rauschen lassen,
Und den todten Löwen fassen
Knaben nun nach Jungen-Art
Ungestraft an Mähn' und Bart.

So viel Gipfel als da funkeln,
Sah'n wir abendlich verdunkeln,
Und es hat die alte Nacht
Alles wieder gleich gemacht.

Wie im Thurm der Uhr Gewichte
Rücket fort die Weltgeschichte,
Und der Zeiger schweigend kreist,
Keiner räth, wohin er weist.

Aber wenn die eh'rnen Zungen
Nun zum letztenmal erklungen,
Auf den Thurm der Herr sich stellt
Um zu richten diese Welt.

Und der Herr hat nichts vergessen,
Was geschehen wird er messen
Nach dem Maaß der Ewigkeit –
O wie klein ist doch die Zeit!

Lieder.

1.

Frisch eilt der helle Strom hinunter.
Drauf zieh'n viel bunte Schifflein munter,
Und Strom und Schiff und bunte Scheine,
Sie fragen alle: was ich weine?
Mir ist so wohl, mir ist so weh,
Wie ich den Frühling fahren seh'.

Viel Lenze sitz' ich schon da oben,
Ein Regenbogen steht im Land erhoben
Und durch die Thäler, Wiesen, Wogen
Still, wie ein fernes Lied, gezogen,
Schifft immerfort Dein himmlisch Bild –
Doch Strom und Schiff hielt niemals still.

2.

Denk' ich Dein, muß bald verwehen
Alle Trübniß weit und breit,
Und die frischen Blicke gehen
Wie in einen Garten weit.

Wunderbare Vögel wieder
Weiden dort auf grüner Au',

Einsam Engel, alte Lieder
Ziehen durch den Himmel blau.

Wolken, Ströme, Schiffe, alle
Segeln in die Pracht hinein –
Keines kehrt zurück von allen
Und ich stehe so allein.

UND SO MAG DER HERR DICH SEGNEN!

Der Herr wird Dich führen.
Tief kann ich ja spüren
Der Sterne still Walten.
Der Erde Gestalten
Kaum hörbar sich rühren.
Durch Nacht und durch Graus
Gen Morgen, nach Haus –
Ja, Gott wird mich führen.

In C. S .. Stammbuch.
December 1814.

In verhängnißschweren Stunden,
Streitend für das Vaterland,
Haben wir uns brüderlich gefunden,
In der Menge still erkannt.

Sieh! es ruhet nun der Degen
Und die hohe Brandung fällt,
Sich verlaufend auf den alten Wegen,
Und langweilig wird die Welt.

Doch der Ernst der heil'gen Stunden
Waltet fort in mancher Brust,
Und was sich wahrhaftig hat verbunden,
Bleibt gesellt in Noth und Lust.

Unsichtbar geschwungne Brücken
Halten Lieb' und Lieb' vereint,
Und in allen hellen Lebensblicken
Grüß' ich fern den lieben Freund.

Und so mag der Herr Dich segnen!
Frische Fahrt durch's Leben wild,
Gleichen Sinn und freudiges Begegnen,
Wo es immer Hohes gilt!

Der Winzer.

Es hat die Nacht geregnet,
Es zog noch grau in's Thal,
Und ruhten stillgesegnet
Die Felder überall;
Von Lüften kaum gefächelt,
Durch's ungewisse Blau
Die Sonne verschlafen lächelt'
Wie eine wunderschöne Frau.

Nun sah ich auch sich heben
Aus Nebeln unser Haus,
Du dehntest zwischen den Reben
Dich von der Schwelle hinaus,
Da funkelt' auf einmal vor Wonne
Der Strom und Wald und Au –
Du bist mein Morgen, meine Sonne,
Meine liebe, verschlafene Frau!

Gottes Segen.

Das Kind ruht aus vom Spielen,
Am Fenster rauscht die Nacht,
Die Engel Gott's im Kühlen
Getreulich halten Wacht.

Am Bettlein still sie stehen,
Der Morgen graut noch kaum,

Sie küssen's, eh sie gehen,
Das Kindlein lacht im Traum.

Abschieds-Tafel.

So rückt denn in die Runde!
Es schleicht die Zeit im Dunkeln,
Sie soll uns rüstig finden
Und heiter, stark und gut!
Gar viel ist zu vollbringen,
Gar vieles muß mißlingen.
So mag die letzte Stunde
Nachleuchten uns und funkeln!
Wo unsre Pfad' sich winden,
Wir sind in Gottes Hut.

Dem Bruder meines Lebens,
Der, fern, mit mir zusammen,
Sei denn aus Herzensgrunde
Das erste Glas gebracht!
Ich brauch' ihn nicht zu nennen,
Er aber wird mich kennen.
Viel Land trennt uns vergebens,
Ihm soll dies Wort, die Stunde,
Durch alle Adern flammen,
Wie ich an Ihn gedacht!

Zu Dir nun, heitre Schöne,
Wend' ich mich voll Gedanken.

Wie sie zu Dir sich wenden,
Muß ich so fröhlich sein.
So weit Poeten wohnen,
So weit der Wälder Kronen,
So weit kunstreiche Töne
Die heiteren Gedanken
Und Himmelsgrüße senden:
Ist alles mein und Dein.

Laß' nie die Schmach mich sehen,
Daß auch Dein Herz, der Lüge
Des andern Volks zum Raube,
Bereuend feig und hohl,
An Licht und Schmuck mag zagen!
Nicht wahr ist, was sie sagen:
Daß Lieb' und Lust vergehen,
Nicht wahr, daß uns betrüge
Der schöne, freud'ge Glaube,
Und also lebe wohl!

Ihr aber, klug' Gesellen,
Die hier mit in dem Kreise,
Wohl quält Ihr mich seit Jahren
Mit weisem Rath und Wort. –
Stoßt an, es sei vergessen!
Im Meere, ungemessen
Sind viele tausend Wellen
Und tausend Schiffe fahren
Ein jedes seine Reise,
Komm' jedes in seinen Port!

Vom Berg' hinabgewendet,
Seh' ich die Ströme, Zinnen,
Der Liebsten Schloß darunter –
Nun, Morgenlohe, hülle,
In Glorien Dein Reich!
Dir, tieflebend'ge Fülle,
Schleud'r' ich das Glas hinunter,
Mir schwindeln alle Sinnen,
So wend' ich mich geblendet,
Gott segne Dich und Euch!

Zum Abschied.

Der Herbstwind schüttelt die Linde,
Wie geht die Welt so geschwinde!
Halte dein Kindlein warm.
Der Sommer ist hingefahren,
Da wir zusammen waren –
Ach, die sich lieben, wie arm!

Wie arm, die sich lieben und scheiden!
Das haben erfahren wir beiden,
Mir graut vor dem stillen Haus.
Dein Tüchlein noch läßt du wehen,
Ich kann's vor Thränen kaum sehen,
Schau' still in die Gasse hinaus.

Die Gassen schauen noch nächtig,
Es rasselt der Wagen bedächtig –

Nun plötzlich rascher der Trott
Durch's Thor in die Stille der Felder
Da grüßen so muthig die Wälder,
Lieb' Töchterlein, fahre mit Gott!

SIE HÖREN DROBEN MICH

Wie liegt all' falsche Pracht so weit!
Schlaf wohl auf stiller Erde,
Gott schütz' dein Herz in Ewigkeit,
Daß es nie traurig werde!

Nachruf.

Du liebe, treue Laute,
Wie manche Sommernacht,
Bis daß der Morgen graute,
Hab' ich mit dir durchwacht!

Die Thäler wieder nachten,
Kaum spielt noch Abendroth,
Doch die sonst mit uns wachten,
Die liegen lange todt.

Was wollen wir nun singen
Hier in der Einsamkeit,
Wenn Alle von uns gingen,
Die unser Lied erfreut?

Wir wollen dennoch singen!
So still ist's auf der Welt;
Wer weiß, die Lieder dringen
Vielleicht zum Sternenzelt.

Wer weiß, die da gestorben,
Sie hören droben mich,
Und öffnen leis die Pforten
Und nehmen uns zu sich.

Treue.

Wie dem Wanderer in Träumen,
Daß er still im Schlafe weint,
Zwischen gold'nen Wolken-Säumen
Seine Heimath wohl erscheint:

So durch dieses Frühlings Blühen
Ueber Berg' und Thäler tief,
Sah' ich oft Dein Bild noch ziehen,
Als ob's mich von hinnen rief,

Und mit wunderbaren Wellen
Wie im Traume, halbbewußt,
Gehen ew'ge Lieder-Quellen
Mir verwirrend durch die Brust.

Angedenken.

Berg' und Thäler wieder fingen
Ringsumher zu blühen an,
Aus dem Walde hört' ich singen
Einen lust'gen Jägersmann.

Und die Thränen drangen leise:
So einst blüht' es weit und breit,
Als mein Lieb dieselbe Weise
Mich gelehrt vor langer Zeit.

Ach ein solches Angedenken,
'S ist nur eitel Klang und Luft,
Und kann schimmernd doch versenken
Rings in Thränen Thal und Kluft!

Nachruf an meinen Bruder.

Ach, daß auch wir schliefen!
Die blühenden Tiefen,
Die Ströme, die Auen
So heimlich aufschauen,
Als ob sie all' riefen:
»Dein Bruder ist todt!
Unter Rosen roth
Ach, daß wir auch schliefen!«

»Hast doch keine Schwingen,
Durch Wolken zu dringen!
Mußt immerfort schauen
Die Ströme, die Auen –
Die werden Dir singen
Von Ihm Tag und Nacht,
Mit Wahnsinnes-Macht
Die Seele umschlingen.«

So singt, wie Syrenen,
Von hellblauen, schönen
Vergangenen Zeiten,
Der Abend von weitem,
Versinkt dann im Tönen,

Erst Busen dann Mund,
Im blühenden Grund.
O schweiget Syrenen!

O wecket nicht wieder!
Denn zaub'rische Lieder
Gebunden hier träumen
Auf Feldern und Bäumen,
Und ziehen mich nieder
So müde vor Weh
Zu tiefstillem See –
O weckt nicht die Lieder!

Du kanntest die Wellen
Des Sees, sie schwellen
In magischen Ringen.
Ein wehmüthig Singen
Tief unter den Quellen
Im Schlummer dort hält
Verzaubert die Welt.
Wohl kennst Du die Wellen! –

Kühl wird's auf den Gängen,
Vor alten Gesängen
Möcht's Herz mir zerspringen.
So will ich denn singen!
Schmerz fliegt ja auf Klängen
Zu himmlischer Lust,
Und still wird die Brust
Auf kühlgrünen Gängen.

Laß fahren die Träume!
Der Mond scheint durch Bäume,
Die Wälder nur rauschen,
Die Thäler still lauschen,
Wie einsam die Räume!
Ach, niemand ist mein!
Herz, wie so allein!
Laß fahren die Träume!

Der Herr wird Dich führen.
Tief kann ich ja spüren
Der Sterne still Walten.
Der Erde Gestalten
Kaum hörbar sich rühren.
Durch Nacht und durch Graus
Gen Morgen, nach Haus –
Ja, Gott wird mich führen.

Auf meines Kindes Tod.

I.

Das Kindlein spielt' draußen im Frühlingsschein
Und freut sich und hatte so viel zu sehen,
Wie die Felder schimmern und die Ströme gehen –
Da sah der Abend durch die Bäume herein,
Der alle die schönen Bilder verwirrt.
Und wie es nun ringsum so stille wird,
Beginnt aus den Thälern ein heimlich Singen,
Als wollt's mit Wehmuth die Welt umschlingen,

Die Farben vergeh'n und die Erde wird blaß.
Voll Staunen fragt's Kindlein: ach, was ist das?
Und legt sich träumend in's säuselnde Gras;
Da rühren die Blumen ihm kühle an's Herz
Und lächelnd fühlt es so süßen Schmerz,
Und die Erde, die Mutter so schön und bleich,
Küßt das Kindlein und läßt's nicht los,
Zieht es herzinnig in ihren Schooß
Und bettet es drunten gar warm und weich
Still unter Blumen und Moos. –

»Und was weint ihr, Vater und Mutter, um mich?
In einem viel schöneren Garten bin ich,
Der ist so groß und weit und wunderbar,
Viel Blumen steh'n dort von Golde klar
Und schöne Kindlein mit Flügeln schwingen
Auf und nieder sich drauf und singen. –
Die kenn' ich gar wohl aus der Frühlingszeit,
Wie sie zogen über Berge und Thäler weit
Und mancher mich da aus dem Himmelblau rief,
Wenn ich drunten im Garten schlief. –
Und mitten zwischen den Blumen und Scheinen
Steht die schönste von allen Frauen,
Ein glänzend Kindlein an ihrer Brust. –
Ich kann nicht sprechen und auch nicht weinen,
Nur singen immer und wieder dann schauen
Still vor großer, seeliger Lust.«

2.

Als ich nun zum erstenmale
Wieder durch den Garten ging,
Busch und Bächlein in dem Thale
Lustig an zu plaudern fing.

Blumen halbverstohlen blickten
Neckend aus dem Gras heraus,
Bunte Schmetterlinge schickten
Sie sogleich auf Kundschaft aus.

Auch der Kukuk in den Zweigen
Fand sich bald zum Spielen ein,
Endlich brach der Baum das Schweigen:
»Warum kommst du heut allein?«

Da ich aber schwieg, da rührt' er
Wunderbar sein dunkles Haupt
Und ein Flüstern konnt' ich spüren
Zwischen Vög'lein, Blüt' und Laub.

Thränen in dem Grase hingen,
Durch die abendstille Rund
Klagend nun die Quellen gingen,
Und ich weint' aus Herzensgrund.

3.

Was ist mir denn so wehe?
Es liegt ja wie im Traum
Der Grund schon wo ich stehe,
Die Wälder säuseln kaum

Noch von der dunklen Höhe.
Es komme wie es will,
Was ist mir denn so wehe –
Wie bald wird alles still.

4.

Das ist's, was mich ganz verstöret:
Daß die Nacht nicht Ruhe hält,
Wenn zu athmen aufgehöret
Lange schon die müde Welt.

Daß die Glocken, die da schlagen,
Und im Wald der leise Wind
Jede Nacht von neuem klagen
Um mein liebes, süßes Kind.

Daß mein Herz nicht konnte brechen
Bei dem letzten Todeskuß,
Daß ich wie im Wahnsinn sprechen
Nun in irren Liedern muß.

5.

Freuden wollt' ich dir bereiten,
Zwischen Kämpfen, Lust und Schmerz
Wollt' ich treulich dich geleiten
Durch das Leben himmelwärts.

Doch du hast's allein gefunden
Wo kein Vater führen kann,
Durch die ernste, dunkle Stunde
Gingst du schuldlos mir voran.

Wie das Säuseln leiser Schwingen,
Draußen über Thal und Kluft,
Ging zur selben Stund ein Singen
Ferne durch die stille Luft.

Und so fröhlich glänzt der Morgen,
'S war als ob das Singen sprach:
Jetzo lasset alle Sorgen,
Liebt ihr mich, so folgt mir nach!

6.

Ich führt' dich oft spazieren
In Winter-Einsamkeit,
Kein Laut ließ sich da spüren,
Du schöne, stille Zeit!

Lenz ist's nun, Lerchen singen
Im Blauen über mir,
Ich weine still — sie bringen
Mir einen Gruß von dir.

7.

Die Welt treibt fort ihr Wesen,
Die Leute kommen und geh'n,
Als wärst du nie gewesen,
Als wäre nichts gescheh'n.

Wie seh'n ich mich auf's neue
Hinaus in Wald und Flur!
Ob ich mich gräm', mich freue,
Du bleibst mir treu, Natur.

Da klagt vor tiefem Sehnen
Schluchzend die Nachtigall,
Es schimmern rings von Thränen
Die Blumen überall.

Und über alle Gipfel
Und Blüthenthäler zieht
Durch stillen Waldes Wipfel
Ein heimlich Klagelied.

Da spür' ich's recht im Herzen,
Daß du's, Herr, draußen bist –
Du weißt's, wie mir von Schmerzen
Mein Herz zerrissen ist!

8.

Von fern die Uhren schlagen,
Es ist schon tiefe Nacht,
Die Lampe brennt so düster,
Dein Bettlein ist gemacht.

Die Winde nur noch gehen
Wehklagend um das Haus,
Wir sitzen einsam drinne
Und lauschen oft hinaus.

Es ist, als müßtest leise
Du klopfen an die Thür,
Du hätt'st dich nur verirret,
Und kämst nun müd zurück.

Wir armen, armen Thoren!
Wir irren ja im Graus
Des Dunkels noch verloren –
Du fandest längst nach Haus.

9.

Dort ist so tiefer Schatten,
Du schläfst in guter Ruh,
Es deckt mit grünen Matten
Der liebe Gott dich zu.

Die alten Weiden neigen
Sich auf dein Bett herein,
Die Vöglein in den Zweigen
Sie singen treu dich ein.

Und wie in gold'nen Träumen
Geht linder Frühlingswind
Rings in den stillen Bäumen –
Schlaf wohl mein süßes Kind!

10.

Mein liebes Kind, Ade!
Ich konnt' Ade nicht sagen
Als sie dich fortgetragen,
Vor tiefem, tiefem Weh.

Jetzt auf lichtgrünem Plan
Stehst du im Myrtenkranze
Und lächelst aus dem Glanze
Mich still voll Mitleid an.

Und Jahre nah'n und geh'n,
Wie bald bin ich verstoben –
O bitt' für mich da droben,
Daß wir uns wiederseh'n!

KOMM, TROST DER WELT

Todeslust.

Bevor er in die blaue Fluth gesunken,
Träumt noch der Schwan und singet todestrunken;
Die sommermüde Erde im Verblühen
Läßt all' ihr Feuer in den Trauben glühen;
Die Sonne, Funken sprühend, im Versinken,
Giebt noch einmal der Erde Gluth zu trinken,
Bis, Stern auf Stern, die Trunkne zu umfangen,
Die wunderbare Nacht ist aufgegangen.

Wandersprüche.

1.

Es geht wohl anders, als du meinst,
Derweil du roth und fröhlich scheinst
Ist Lenz und Sonnenschein verflogen,
Die liebe Gegend schwarz umzogen;
Und kaum hast du dich ausgeweint,
Lacht Alles wieder, die Sonne scheint —
Es geht wohl anders als man meint.

2.

Herz, in deinen sonnenhellen
Tagen halt' nicht karg zurück!
Allwärts fröhliche Gesellen
Trifft der Frohe und sein Glück.

Sinkt der Stern: alleine wandern
Magst du bis an's End der Welt —
Bau' du nur auf keinen andern
Als auf Gott, der Treue hält.

3.

Was willst auf dieser Station
So breit dich niederlassen?
Wie bald nicht bläst der Postillon,
Du mußt doch alles lassen.

4.

Die Lerche grüßt den ersten Strahl,
Daß er die Brust ihr zünde,

Wenn träge Nacht noch überall
Durchschleicht die tiefen Gründe.

  Und du willst, Menschenkind, der Zeit
Verzagend unterliegen?
Was ist dein kleines Erdenleid?
Du mußt es überfliegen!

5.

  Der Sturm geht lärmend um das Haus,
Ich bin kein Narr, und geh' hinaus,
Aber bin ich eben draußen,
Will ich mich wacker mit ihm zausen.

6.
Am Meer.

Ewig muntres Spiel der Wogen!
    Viele hast du schon belogen,
Mancher kehrt nicht mehr zurück.
    Und doch weckt das Wellenschlagen
Immer wieder frisches Wagen,
    Falsch und lustig, wie das Glück.

7.

  Der Wandrer, von der Heimath weit,
Wenn rings die Gründe schweigen,
Der Schiffer in Meeres Einsamkeit,
Wenn die Stern' aus den Fluten steigen:

  Die beide schauern und lesen
In stiller Nacht

Was sie nicht gedacht,
Da es noch fröhlicher Tag gewesen.

Dank.

Mein Gott, dir sag' ich Dank,
Daß du die Jugend mir bis über alle Wipfel
In Morgenroth getaucht und Klang,
Und auf des Lebens Gipfel,
Bevor der Tag geendet,
Vom Herzen unbewacht
Den falschen Glanz gewendet,
Daß ich nicht taumle ruhmgeblendet,
Da nun herein die Nacht
Dunkelt in ernster Pracht.

Marienlied.

Wenn in's Land die Wetter hängen
Und der Mensch erschrocken steht,
Wendet, wie mit Glockenklängen
Die Gewitter Dein Gebet,
Und wo aus den grauen Wogen
Weinend auftaucht das Gefild,
Segnest Du's vom Regenbogen –
Mutter, ach wie bist du mild!

Wenn's einst dunkelt auf den Gipfeln
Und der kühle Abend sacht

Niederrauschet in den Wipfeln:
O Maria, heil'ge Nacht!
Laß' mich nimmer wie die Andern,
Decke zu der letzten Ruh
Mütterlich den müden Wandrer
Mit dem Sternenmantel zu.

Herbst.

Es ist nun der Herbst gekommen,
Hat das schöne Sommerkleid
Von den Feldern weggenommen
Und die Blätter ausgestreut,
Vor dem bösen Winterwinde
Deckt er warm und sachte zu
Mit dem bunten Laub die Gründe,
Die schon müde geh'n zur Ruh.

Durch die Felder sieht man fahren
Eine wunderschöne Frau,
Und von ihren langen Haaren
Gold'ne Fäden auf der Au
Spinnet sie und singt im Gehen:
Eya, meine Blümelein,
Nicht nach andern immer sehen,
Eya, schlafet, schlafet ein.

Und die Vöglein hoch in Lüften
Ueber blaue Berg' und Seen
Zieh'n zur Ferne nach den Klüften,

Wo die hohen Cedern steh'n,
Wo mit ihren gold'nen Schwingen
Auf des Benedeiten Gruft
Engel Hosiannah singen
Nächtens durch die stille Luft.

Herbstweh.

1.

So still in den Feldern allen,
Der Garten ist lange verblüht,
Man hört nur flüsternd die Blätter fallen,
Die Erde schläfert – ich bin so müd.

2.

Es schüttelt die welken Blätter der Wald,
Mich friert, ich bin schon alt,
Bald kommt der Winter und fällt der Schnee,
Bedeckt den Garten und mich und alles, alles Weh.

Abschied.

Abendlich schon rauscht der Wald
Aus den tiefen Gründen,
Droben wird der Herr nun bald
An die Sterne zünden,
Wie so stille in den Schlünden,
Abendlich nur rauscht der Wald.

Alles geht zu seiner Ruh,
Wald und Welt versausen,
Schauernd hört der Wandrer zu,
Sehnt sich recht nach Hause,
Hier in Waldes grüner Klause
Herz, geh' endlich auch zur Ruh!

Stimmen der Nacht.

1.

Weit tiefe, bleiche, stille Felder –
O wie mich das freut,
Ueber alle, alle Thäler, Wälder
Die prächtige Einsamkeit!

Aus der Stadt nur schlagen die Glocken
Ueber die Wipfel herein,
Ein Reh hebt den Kopf erschrocken
Und schlummert gleich wieder ein.

Der Wald aber rühret die Wipfel
Im Schlaf von der Felsenwand,
Denn der Herr geht über die Gipfel
Und segnet das stille Land.

2.

Nächtlich wandern alle Flüsse
Und der Himmel, Stern auf Stern,
Sendet so viel tausend Grüße,
Daß die Wälder nah und fern

Schauernd rauschen in den Gründen;
Nur der Mensch, dem Tod geweiht,
Träumet fort von seinen Sünden
In der stillen Gnadenzeit.

Kurze Fahrt.

Posthorn, wie so keck und fröhlich
Brachst du einst den Morgen an,
Vor mir lag's so frühlingsselig,
Daß ich still auf Lieder sann.

Dunkel rauscht es schon im Walde,
Wie so abendkühl wird's hier,
Schwager, stoß in's Horn – wie balde
Sind auch wir im Nachtquartier!

Auf der Feldwacht.

Mein Gewehr im Arme steh' ich
Hier verloren auf der Wacht,
Still nach jener Gegend seh' ich,
Hab' so oft dahin gedacht!

Fernher Abendglocken klingen
Durch die schöne Einsamkeit;
So, wenn wir zusammen gingen,
Hört' ich's oft in alter Zeit.

Wolken da wie Thürme prangen,
Als säh' ich im Duft mein Wien,
Und die Donau hell ergangen
Zwischen Burgen durch das Grün.

Doch wie fern sind Strom und Thürme!
Wer da wohnt, denkt mein noch kaum,
Herbstlich rauschen schon die Stürme,
Und ich stehe wie im Traum.

Im Walde.

Es zog eine Hochzeit den Berg entlang,
Ich hörte die Vögel schlagen,
Da blitzten viel' Reiter, das Waldhorn klang,
Das war ein lustiges Jagen!

Und eh' ich's gedacht, war Alles verhallt,
Die Nacht bedecket die Runde,
Nur von den Bergen noch rauschet der Wald
Und mich schauert im Herzensgrunde.

Der Einsiedler.

Komm, Trost der Welt, Du stille Nacht!
Wie steigst Du von den Bergen sacht,
Die Lüfte alle schlafen,
Ein Schiffer nur noch, wandermüd,

Singt über's Meer sein Abendlied
Zu Gottes Lob im Hafen.

Die Jahre wie die Wolken geh'n
Und lassen mich hier einsam steh'n,
Die Welt hat mich vergessen,
Da tratst Du wunderbar zu mir,
Wenn ich beim Waldesrauschen hier
Gedankenvoll gesessen.

O Trost der Welt, Du stille Nacht!
Der Tag hat mich so müd gemacht,
Das weite Meer schon dunkelt,
Laß' ausruh'n mich von Lust und Noth,
Bis daß das ew'ge Morgenroth
Den stillen Wald durchfunkelt.

Wehmuth.

Ich irr' in Thal und Hainen
Bei kühler Abendstund',
Ach, weinen möcht' ich, weinen
So recht aus Herzensgrund.

Und alter Zeiten Grüßen
Kam da, im Thal erwacht,
Gleichwie von fernen Flüssen
Das Rauschen durch die Nacht.

Die Sonne ging hinunter,
Da säuselt' kaum die Welt,
Ich blieb noch lange munter
Allein im stillen Feld.

Im Abendroth.

Wir sind durch Noth und Freude
Gegangen Hand in Hand,
Vom Wandern ruh'n wir beide
Nun über'm stillen Land.

Rings sich die Thäler neigen,
Es dunkelt schon die Luft,
Zwei Lerchen nur noch steigen
Nachträumend in den Duft.

Tritt her, und laß sie schwirren,
Bald ist es Schlafenszeit,
Daß wir uns nicht verirren
In dieser Einsamkeit.

O weiter, stiller Friede!
So tief im Abendroth
Wie sind wir wandermüde –
Ist das etwa der Tod?

Der Sänger.

Siehst Du die Wälder glühen,
Die Ströme flammend sprühen,
Die Welt in Abendgluten,
Wie träumerische Fluten,
Wo blüh'nde Inseln trunken
Sich spiegeln in dem Duft? –
Es weht und rauscht und ruft:
O komm, eh' wir versunken!

Eh' noch die Sonn' versunken:
Geh'n durch die gold'nen Funken
Still Engel in den Thalen,
Das giebt so leuchtend Strahlen
In Blumen rings und Zweigen. –
Wie frommer Wiederhall
Weht noch der Glocken Schall,
Wenn längst die Thäler schweigen.

Leis wächst durch's dunkle Schweigen
Ein Flüstern rings und Neigen
Wie ein geheimes Singen,
In immer weitern Ringen
Zieht's alle die da lauschen
In seine duft'ge Rund',
Wo kühl im stillen Grund
Die Wasserkünste rauschen.

Wie Wald und Strom im Rauschen
Verlockend Worte tauschen!
Was ist's, daß ich ergrause? –
Führt doch aus stillem Hause
Der Hirt die gold'ne Heerde,
Und hütet treu und wacht,
So lieblich weht die Nacht,
Lind säuselt kaum die Erde.

2.

Und zu den Felsengängen
Der nächt'ge Sänger flieht,
Denn wie mit Wahnsinns Klängen
Treibt ihn sein eig'nes Lied.

Bei leuchtenden Gewittern
Schreckt ihn das stille Land,
Ein wunderbar Erschüttern
Hat ihm das Herz gewandt.

Bereuend sinkt seine Auge –
Da blickt durch Nacht und Schmerz
Ein unsichtbares Auge
Ihm klar in's tiefste Herz.

Sein Saitenspiel zur Stunde
Wirft er in tiefsten Schlund
Und weint aus Herzensgrunde,
Und ewig schweigt sein Mund.

Der Schiffer.

Die Lüfte linde fächeln,
Aus stillen Meeres Schaum
Syrenen tauchend lächeln,
Der Schiffer liegt im Traum.

Da faßt der Sturm die Wellen,
Durchwühlt die Einsamkeit:
Wach't auf, ihr Traumgesellen,
Nun ist's nicht Schlafens Zeit! –

In jenen stillen Tagen
Wie war ich stolz und klug,
In sichern Glück's Behagen
Mir selber gut genug.

Du hast das Glück zerschlagen.
Nimm wieder, was du gabst,
Ich schweig' und will nicht klagen,
Jetzt weiß ich, wie du labst.

Das sind die mächt'gen Stürme,
Die wecken, was da ruht,
Es sinken Land und Thürme
Allmälig in die Flut.

Kein Meerweib will sich zeigen,
Kein Laut mehr langt zu mir,
Und in dem weiten Schweigen
Steh' ich allein mit dir.

O führe an den Riffen
Allmächtig deine Hand,
Wohin wir alle schiffen,
Uns zu dem Heimathsstrand!

Der Pilger.

1.

Man setzt uns auf die Schwelle
Wir wissen nicht, woher?
Da glüht der Morgen helle,
Hinaus verlangt uns sehr.
Der Erde Klang und Bilder,
Tiefblaue Frühlingslust,
Verlockend mild und wilder,
Bewegen da die Brust.
Bald wird es rings so schwüle,
Die Welt erathmet kaum,
Berg', Schloß und Wälder kühle
Steh'n lautlos wie im Traum,
Und ein geheimes Grausen
Beschleichet unsern Sinn:
Wir sehnen uns nach Hause
Und wissen nicht wohin?

2.

Dein Wille, Herr, geschehe!
Verdunkelt schweigt das Land,
Im Zug der Wetter sehe
Ich schauernd Deine Hand.

O mit uns Sündern gehe
Erbarmend in's Gericht!
Ich beug' im tiefsten Wehe
Zum Staub mein Angesicht,
Dein Wille, Herr, geschehe!

3.

Schlag' mit den flamm'gen Flügeln!
Wenn Blitz aus Blitz sich reißt:
Steht wie in Rossesbügeln
So ritterlich mein Geist.

Waldesrauschen, Wetterblicken
Macht recht die Seele los,
Da grüßt sie mit Entzücken,
Was wahrhaft, ernst und groß.

Es schiffen die Gedanken
Fern wie auf weitem Meer,
Wie auch die Wogen schwanken:
Die Segel schwellen mehr.

Herr Gott, es wacht Dein Wille!
Wie Tag und Lust verweh'n,
Mein Herz wird mir so stille
Und wird nicht untergeh'n.

4.

So laß herein nun brechen
Die Brandung, wie sie will,
Du darfst ein Wort nur sprechen,

So wird der Abgrund still
Und bricht die letzte Brücke;
Zu Dir, der treulich steht,
Hebt über Noth und Glücke
Mich einsam das Gebet.

5.

Wie ein todeswunder Streiter,
Der den Weg verloren hat,
Schwank' ich nun und kann nicht weiter
Von dem Leben sterbensmatt.
Nacht schon decket alle Müden
Und so still ist's um mich her,
Herr auch mir gieb endlich Frieden,
Denn ich wünsch' und hoff' nichts mehr.

6.

Wie oft wollt' mich die Welt ermüden,
Ich beugt' auf's Schwert mein Angesicht
Und bat Dich frevelhaft um Frieden —
Du wußtest's besser, gabst ihn nicht.

Ich sah in Nacht das Land vergehen,
In Blitzen Du die Wetter brachst,
Da konnt' ich schauernd erst verstehen,
Was Du zu mir Erschrock'nen sprachst:

»Meine Lieder sind nicht Deine Lieder,
Leg' ab den falschen Schmuck der Zeit
Und nimm das Kreuz, dann komme wieder
In Deines Herzens Einsamkeit.«

Und alle Bilder ferne treten
Und tief noch rauschet kaum die Rund' –
Wie geht ein wunderbares Beten
Mir leuchtend durch der Seele Grund!

Nachtgebet.

Es rauschte leise in den Bäumen,
Ich hörte nur der Ströme Lauf,
Und Berg und Gründe, wie aus Träumen,
Sie sah'n so fremd zu mir herauf.

Drin aber in der stillen Halle
Ruht' Sang und Plaudern müde aus,
Es schliefen meine Lieben alle,
Kaum wieder kannt' ich nun mein Haus.

Mir war's als lägen sie zur Stunde
Gestorben, bleich im Mondenschein,
Und schauernd in der weiten Runde
Fühlt' ich auf einmal mich allein.

So blickt in Meeres öden Reichen
Ein Schiffer einsam himmelan –
O Herr, wenn einst die Ufer weichen,
Sei gnädig Du dem Steuermann!

Wenn du erwachst, sind wir zu Haus

Gewalt'ges Morgenroth,
Weit, unermeßlich – du verzehrst die Erde!
Und in dem Schweigen nur der Flug der Seelen,
Die säuselnd heimzieh'n durch die stille Luft. –

Im Alter.

Wie wird nun Alles so stille wieder!
So war mir's oft in der Kinderzeit,
Die Bäche gehen rauschend nieder
Durch die dämmernde Einsamkeit,
Kaum noch hört man einen Hirten singen,
Aus allen Dörfern, Schluchten, weit
Die Abendglocken herüberklingen,
Versunken nun mit Lust und Leid
Die Thäler, die noch einmal blitzen,
Nur hinter dem stillen Walde weit
Noch Abendröthe an den Bergesspitzen,
Wie Morgenroth der Ewigkeit.

An Philipp.
(Nach einer Wiener Redouten-Melodie.)

Kennst Du noch den Zaubersaal,
Wo süß' Melodien wehen,
Zwischen Sternen ohne Zahl
Frauen auf und nieder gehen?

Kennst Du noch den Strom von Tönen,
Der sich durch die bunten Reihen schlang,
Von noch unbekannten Schönen
Und von fernen blauen Bergen sang?

Sieh! die lichte Pracht erneut
Fröhlich sich in allen Jahren,

Doch die Brüder sind zerstreut,
Die dort froh beisammen waren.

Und der Blick wird irre schweifen,
Einsam stehst Du nun in Pracht und Scherz,
Und die alten Töne greifen
Dir mit tausend Schmerzen an das Herz.

Uhren schlagen durch die Nacht,
Drein verschlafne Geigen streichen,
Aus dem Saale, überwacht,
Sich die letzten Paare schleichen.

So ist unser Fest vergangen,
Und die lust'gen Kerzen löschen aus,
Doch die Sterne draußen prangen,
Und die führen mich und Dich nach Haus.

Sterbeglocken.

Nun legen sich die Wogen,
Und die Gewitter schwül'
Sind all' hinabgezogen,
Mir wird das Herz so kühl.

Die Thäler alle dunkeln,
Ist denn das Morgenzeit?
Wie schön die Gipfel funkeln,
Und Glocken hör' ich weit.

So hell noch niemals klangen
Sie über'n Waldes-Saum –
Wo war ich denn so lange?
Das war ein schwerer Traum.

Winter.

Wie von Nacht verhangen,
Wußt' nicht, was ich will,
Schon so lange, lange
War ich todtenstill.

Liegt die Welt voll Schmerzen,
Will's auch draußen schnei'n:
Wache auf, mein Herze,
Frühling muß es sein!

Was mich frech wollt' fassen,
'S ist nur Wogen-Schaum,
Falsche Ehr', Noth, Hassen,
Welt, ich spür' dich kaum.

Breite nur die Flügel
Wieder, schönes Roß,
Frei laß ich die Zügel,
So brich durch, Genoß!

Und hat ausgeklungen
Liebes-Lust und Leid,

Um die wir gerungen
In der schönsten Zeit;

Nun so trag' mich weiter,
Wo das Wünschen aus –
Wie wird mir so heiter,
Roß, bring' mich nach Haus!

Winternacht.

Verschneit liegt rings die ganze Welt,
Ich hab' Nichts, was mich freuet,
Verlassen steht der Baum im Feld,
Hat längst sein Laub verstreuet.

Der Wind nur geht bei stiller Nacht
Und rüttelt an dem Baume,
Da rührt er seinen Wipfel sacht
Und redet wie im Traume.

Er träumt von künft'ger Frühlingszeit,
Von Grün und Quellenrauschen,
Wo er im neuen Blüthen-Kleid
Zu Gottes Lob wird rauschen.

Nachtlied.

Vergangen ist der lichte Tag,
Von ferne kommt der Glocken Schlag;

So reis't die Zeit die ganze Nacht,
Nimmt manchen mit, der's nicht gedacht.

Wo ist nun hin die bunte Lust,
Des Freundes Trost und treue Brust,
Des Weibes süßer Augenschein?
Will keiner mit mir munter sein?

Da's nun so stille auf der Welt,
Zieh'n Wolken einsam über's Feld,
Und Feld und Baum besprechen sich, –
O Menschenkind! was schauert Dich?

Wie weit die falsche Welt auch sei,
Bleibt mir doch Einer nur getreu,
Der mit mir weint, der mit mir wacht,
Wenn ich nur recht an ihn gedacht.

Frisch auf denn, liebe Nachtigall,
Du Wasserfall mit hellem Schall!
Gott loben wollen wir vereint,
Bis daß der lichte Morgen scheint!

Das kranke Kind.

Die Gegend lag so helle,
Die Sonne schien so warm,
Es sonnt' sich auf der Schwelle
Ein Kindlein krank und arm.

Geputzt zum Sonntag heute
Zieh'n sie das Thal entlang,
Das Kind grüßt alle Leute,
Doch niemand sagt ihm Dank.

Viel Kinder jauchzen ferne,
So schön ist's auf der Welt!
Ging' auch spazieren gerne,
Doch müde stürzt's im Feld.

»Ach Vater, liebe Mutter,
Helft mir in meiner Noth! —«
Du armes Kind! die ruhen
Ja unter'm Grase todt.

Und so im Gras alleine
Das kranke Kindlein blieb,
Frug keiner, was es weine,
Hat jeder sein's nur lieb.

Die Abendglocken klangen
Schon durch die stille Welt,
Die Engel Gottes sangen
Und gingen über's Feld.

Und als die Nacht gekommen
Und alles das Kind verließ,
Sie haben's mitgenommen,
Nun spielt's im Paradies.

Der Wächter.

Nächtlich macht der Herr die Rund',
Sucht die Seinen unverdrossen,
Aber überall verschlossen
Trifft er Thür und Herzensgrund,
Und er wendet sich voll Trauer:
Niemand ist, der mit mir wacht. —
Nur der Wald vernimmt's mit Schauer,
Rauschet fromm die ganze Nacht.

Waldwärts durch die Einsamkeit
Hört' ich über Thal und Klüften
Glocken in den stillen Lüften,
Wie aus fernem Morgen weit —
An die Thore will ich schlagen,
An Pallast und Hütten: Auf!
Flammend schon die Gipfel ragen,
Wachet auf, wacht auf, wacht auf!

Letzte Heimkehr.

Der Wintermorgen glänzt so klar,
Ein Wandrer kommt von ferne,
Ihn schüttelt Frost, es starrt sein Haar,
Ihm log die schöne Ferne,
Nun endlich will er rasten hier,
Er klopft an seines Vaters Thür.

Doch todt sind, die sonst aufgethan,
Verwandelt Hof und Habe,
Und fremde Leute seh'n ihn an
Als käm' er aus dem Grabe;
Ihn schauert tief im Herzensgrund,
Ins Feld eilt er zur selben Stund.

Da sang kein Vöglein weit und breit,
Er lehnt' an einem Baume,
Der schöne Garten lag verschneit,
Es war ihm wie im Traume,
Und wie die Morgenglocke klingt,
Im stillen Feld er niedersinkt.

Und als er aufsteht vom Gebet,
Nicht weiß, wohin sich wenden,
Ein schöner Jüngling bei ihm steht,
Faßt mild ihn bei den Händen:
»Komm' mit, sollst ruhn nach kurzem Gang.« –
Er folgt, ihn rührt der Stimme Klang.

Nun durch die Bergeseinsamkeit
Sie wie zum Himmel steigen,
Kein Glockenklang mehr reicht so weit,
Sie sehn im öden Schweigen
Die Länder hinter sich verblühn,
Schon Sterne durch die Wipfel glühn.

Der Führer jetzt die Fackel sacht
Erhebt und schweigend schreitet,

Bei ihrem Schein die stille Nacht
Gleichwie ein Dom sich weitet,
Wo unsichtbare Hände baun –
Den Wandrer faßt ein heimlich Graun.

Er sprach: was bringt der Wind herauf
So fremden Laut getragen,
Als hört' ich ferner Ströme Lauf,
Dazwischen Glocken schlagen?
»Das ist des Nachtgesanges Wehn,
Sie loben Gott in stillen Höh'n.«

Der Wandrer drauf: ich kann nicht mehr –
Ist's Morgen, der so blendet?
Was leuchten dort für Länder her? –
Sein Freund die Fackel wendet:
»Nun ruh zum letztenmale aus,
Wenn du erwachst, sind wir zu Haus.«

Ostern.

Vom Münster Trauer-Glocken klingen,
Vom Thal ein Jauchzen schallt herauf.
Zur Ruh sie dort dem Todten singen,
Die Lerchen jubeln: wache auf!
Mit Erde sie ihn still bedecken,
Das Grün aus allen Gräbern bricht,
Die Ströme hell durch's Land sich strecken,
Der Wald ernst wie in Träumen spricht,

Und bei den Klängen, Jauchzen, Trauern,
So weit in's Land man schauen mag,
Es ist ein tiefes Frühlingsschauern
Als wie ein Auferstehungstag.

Und ich sinn' auf neue Weise

[Vorwort.]

Singen kann ich nicht wie Du
Und wie ich nicht der und jener,
Kannst Du's besser, sing' frisch zu!
Andre singen wieder schöner,
Droben an dem Himmelsthor
Wird's *ein* wunderbarer Chor.

Tusch.

Fängt die Sonne an zu stechen,
Tapfer schießen Gras und Kräuter
Und die Bäume schlagen aus:
Muß des Feinds Gewalt zerbrechen,
Nimmt der Winter schnell Reißaus,
Erd' und Himmel glänzen heiter;
Und wir Musikanten fahren
Lustig auf dem Fluß hinunter,
Trommeln, pfeifen, blasen, geigen
Und die Hörner klingen munter.

Wandernder Dichter.

Ich weiß nicht, was das sagen will!
Kaum tret' ich von der Schwelle still,
Gleich schwingt sich eine Lerche auf
Und jubilirt durch's Blau vorauf.

Das Gras ringsum, die Blumen gar
Stehn mit Juwelen und Perl'n im Haar,
Die schlanken Pappeln, Busch und Saat
Verneigen sich im größten Staat.

Als Bot' voraus das Bächlein eilt,
Und wo der Wind die Wipfel theilt,
Die Au' verstohlen nach mir schaut,
Als wär' sie meine liebe Braut.

Ja, komm' ich müd' in's Nachtquartier,
Die Nachtigall noch vor der Thür
Mir Ständchen bringt, Glühwürmchen bald
Illuminiren rings den Wald.

Umsonst! das ist nun einmal so,
Kein Dichter reist incognito,
Der lust'ge Frühling merkt es gleich,
Wer König ist in seinem Reich.

Dichterfrühling.

Wenn die Bäume lieblich rauschen,
An den Bergen, an den Seen,
Die im Sonnenscheine stehen,
Warme Regen niederrauschen,
Mag ich gern begeistert lauschen.
Denn um die erfrischten Hügel
Auf und nieder sich bewegen
Fühl' ich Winde, Gottes Flügel,
Und mir selber wachsen Flügel,
Athm' ich still den neuen Segen.

Wie der Kranke von der Schwelle
Endlich wieder in die warme
Luft hinausstreckt Brust und Arme,
Und es spült des Lebens Welle
Fort die Glieder in das Helle:
Also kommt ein neues Leben
Oft auf mich herab vom Himmel,

Und ich seh' vor mir mein Streben
Licht und unvergänglich schweben
Durch des Lebens bunt Gewimmel.

Will erquickt nun alles prangen,
Irrt der Dichter durch die Schatten,
Durch die blumenreichen Matten,
Denkt der Zeiten, die vergangen,
Ferner Freunde voll Verlangen,
Und es weben sich die Träume
Wie von selbst zum Werk der Musen,
Und rings Berge, Blumen, Bäume
Wachsen in die heitern Räume
Nach der Melodie im Busen.

Dichterglück.

O Welt, bin dein Kind nicht von Hause,
Du hast mir nichts geschenkt,
So hab' ich denn frisch meine Klause
In Morgenroth mir versenkt.

Fortuna, streif' nur die Höhen
Und wende dein Angesicht,
Ich bleibe im Wald bei den Rehen,
Flieg' zu, wir brauchen dich nicht.

Und ob auf Höh'n und im Grunde
Kein Streifchen auch meine blieb,

Ich segne dich, schöne Runde,
Ich habe dich dennoch so lieb!

[Mandolinen-Lied.]

Wenn die Sonne lieblich schiene
Wie in Wälschland, lau und blau,
Ging' ich mit der Mandoline
Durch die überglänzte Au.

In der Nacht dann Liebchen lauschte
An dem Fenster süß verwacht,
Wünschte mir und ihr – uns Beiden
Heimlich eine schöne Nacht.

Wenn die Sonne lieblich schiene
Wie in Wälschland, lau und blau,
Ging ich mit der Mandoline
Durch die überglänzte Au.

[Der Verzückte.]

Bist du manchmal auch verstimmt,
Drück' dich zärtlich an mein Herze,
Daß mir's fast den Athem nimmt,
Streich' und kneif in süßem Scherze,
Wie ein rechter Liebes-Thor,
Lehn' ich sanft an dich die Wange
Und du singst mir fein ins Ohr.

Wohl im Hofe bei dem Klange
Katze miaut, Hund heult und bellt,
Nachbar schimpft mit wilder Miene –
Doch was kümmert uns die Welt,
Süße, traute Violine!

[Der wandernde Musikant.]

Mürrisch sitzen sie und maulen
Auf den Bänken stumm und breit,
Gähnend strecken sich die Faulen,
Und die Kecken suchen Streit.

Da komm' ich durch's Dorf geschritten,
Fernher durch den Abend kühl,
Stell' mich in des Kreises Mitten,
Grüß' und zieh' mein Geigenspiel.

Und wie ich den Bogen schwenke,
Ziehn die Klänge in der Rund'
Allen recht durch die Gelenke
Bis zum tiefsten Herzensgrund.

Und nun geht's ans Gläserklingen.
An ein Walzen um und um,
Je mehr ich streich', je mehr sie springen
Keiner fragt erst lang: warum? –

Jeder will dem Geiger reichen
Nun sein Scherflein auf die Hand –

Da vergeht ihm gleich sein Streichen,
Und fort ist der Musikant.

Und sie seh'n ihn fröhlich steigen
Nach den Waldeshöh'n hinaus,
Hören ihn von fern noch geigen,
Und gehn All' vergnügt nach Haus.

Doch in Waldes grünen Hallen
Rast' ich dann noch manche Stund',
Nur die fernen Nachtigallen
Schlagen tief aus nächt'gem Grund.

Und es rauscht die Nacht so leise
Durch die Waldeseinsamkeit,
Und ich sinn' auf neue Weise,
Die der Menschen Herz erfreut.

Das Flügelroß.

Ich hab' nicht viel hienieden,
Ich hab' nicht Geld noch Gut;
Was vielen nicht beschieden,
Ist mein: – der frische Muth.

Was Andre mag ergötzen,
Das kümmert wenig mich,
Sie leben in den Schätzen,
In Freuden lebe ich.

Ich hab' ein Roß mit Flügeln,
Getreu in Lust und Noth,
Das wiehernd spannt die Flügel
Bei jedem Morgenroth.

Mein Liebchen! wie so öde
Wird's oft in Stadt und Schloß,
Frisch auf und sei nicht blöde,
Besteig' mit mir mein Roß!

Wir segeln durch die Räume,
Ich zeig' Dir Meer und Land,
Wie wunderbare Träume
Tief unten ausgespannt.

Hellblinkend zu den Füßen
Unzähl'ger Ströme Lauf –
Es steigt ein Frühlingsgrüßen
Verhallend zu uns auf.

Und bunt und immer wilder
In Liebe Haß und Lust
Verwirren sich die Bilder –
Was schwindelt Dir die Brust?

So fröhlich tief im Herzen,
Zieh' ich all' himmelwärts,
Es kommen selbst die Schmerzen
Melodisch an das Herz.

Der Sänger zwingt mit Klängen
Was störrig, dumpf und wild,
Es spiegelt in Gesängen
Die Welt sich göttlich mild.

Und unten nun verbrauset
Des breiten Lebens Strom,
Der Adler einsam hauset
Im stillen Himmelsdom. –

Und seh'n wir dann den Abend
Verhallen und verblüh'n,
Im Meere, kühlelabend,
Die heil'gen Sterne glüh'n:

So lenken wir hernieder
Zu Waldes grünem Haus,
Und ruh'n vom Schwung der Lieder
Auf blüh'ndem Moose aus.

O Sterndurchwebtes Düstern,
O heimlich stiller Grund!
O süßes Liebesflüstern
So innig Mund an Mund!

Die Nachtigallen locken,
Mein Liebchen athmet lind,
Mit Schleier zart und Locken
Spielt buhlerisch der Wind.

Und schlaf' denn bis zum Morgen
So sanft gelehnt an mich!
Süß sind der Liebe Sorgen,
Dein Liebster wacht für Dich.

Ich halt' die blüh'nden Glieder,
Vor süßen Schauern bang,
Ich laß' Dich ja nicht wieder
Mein ganzes Leben lang! –

Aurora will sich heben,
Du schlägst die Augen auf,
O wonniges Erbeben,
O schöner Lebenslauf! –

Rückkehr.

Mit meinem Saitenspiele,
Das schön geklungen hat,
Komm' ich durch Länder viele
Zurück in diese Stadt.

Ich ziehe durch die Gassen,
So finster in die Nacht,
Und Alles so verlassen,
Hatt's anders mir gedacht.

Am Brunnen steh' ich lange,
Der rauscht fort, wie vorher,

Kommt Mancher wohl gegangen,
Es kennt mich Keiner mehr.

Da hört' ich geigen, pfeifen,
Die Fenster glänzten weit,
Dazwischen drehn und schleifen
Viel' fremde, fröhliche Leut'.

Und Herz und Sinne mir brannten,
Mich trieb's in die weite Welt,
Es spielten die Musikanten,
Da fiel ich hin im Feld.

Frühlingsklage.

Ach, was frommt das Wehen, Sprossen,
In der schönen Frühlingszeit:
Ist des Liedes Born verschlossen
Und der Seele Freudigkeit,
Die erst Blüthen bringt den Sprossen
Und den Frühling in die Zeit.

Gieb den alten Frieden wieder,
In der Brust den Sonnenschein,
Gieb die Laute mir und Lieder,
Dann laß blühen oder schnein,
Selbst weck' ich den Lenz mir wieder,
Sollt' es auch der letzte sein!

Dichterloos.

Für Alle muß vor Freuden
Mein treues Herze glüh'n,
Für Alle muß ich leiden,
Für Alle muß ich blüh'n,
Und wenn die Blüthen Früchte haben,
Da haben sie mich längst begraben.

Schneeglöckchen.

'S war doch wie ein leises Singen
In dem Garten heute Nacht,
Wie wenn laue Lüfte gingen:
»Süße Glöcklein, nun erwacht,
Denn die warme Zeit wir bringen,
Eh's noch Jemand hat gedacht.« –
'S war kein Singen, 's war ein Küssen,
Rührt' die stillen Glöcklein sacht,
Daß sie alle tönen müssen
Von der künft'gen bunten Pracht.
Ach, sie konnten's nicht erwarten,
Aber weiß vom letzten Schnee
War noch immer Feld und Garten,
Und sie sanken um vor Weh.
So schon manche Dichter streckten
Sangesmüde sich hinab,
Und der Frühling, den sie weckten,
Rauschet über ihrem Grab.

Trost.

Es haben viel' Dichter gesungen
Im schönen deutschen Land,
Nun sind ihre Lieder verklungen,
Die Sänger ruhen im Sand.

Aber so lange noch kreisen
Die Stern' um die Erde rund,
Thun Herzen in neuen Weisen
Die alte Schönheit kund.

Im Walde da liegt verfallen
Der alten Helden Haus,
Doch aus den Thoren und Hallen
Bricht jährlich der Frühling aus.

Und wo immer müde Fechter
Sinken im muthigen Strauß,
Es kommen frische Geschlechter
Und fechten es ehrlich aus.

Der irre Spielmann.

Aus stiller Kindheit unschuldiger Hut
Trieb mich der tolle, frevelnde Muth.
Seit ich da draußen so frei nun bin
Find' ich nicht wieder nach Hause hin.

Durch's Leben jag' ich manch trüg'risch Bild,
Wer ist der Jäger da? wer ist das Wild?
Es pfeift der Wind mir schneidend durchs Haar,
Ach Welt, wie bist Du so kalt und klar!

Du frommes Kindlein im stillen Haus,
Schau' nicht so lüstern zum Fenster hinaus!
Frag mich nicht, Kindlein, woher und wohin?
Weiß ich doch selber nicht wo ich bin!

Von Sünde und Reue zerrissen die Brust,
Wie rasend in verzweifelter Lust,
Brech ich im Fluge mir Blumen zum Strauß,
Wird doch kein fröhlicher Kranz nicht daraus! –

Ich möcht' in den tiefsten Wald wohl hinein,
Recht aus der Brust den Jammer zu schrei'n,
Ich möchte reiten an's Ende der Welt,
Wo der Mond und die Sonne hinunter fällt.

Wo schwindelnd beginnt die Ewigkeit,
Wie ein Meer, so erschrecklich still und weit,
Da sinken all' Ström' und Segel hinein,
Da wird es wohl endlich auch ruhig sein.

Valet.

Ade nun, liebe Lieder,
Ade, du schöner Sang!

Nun sing' ich wohl nicht wieder
Vielleicht mein Leben lang.

Einst blüht' von Gottes Odem
Die Welt so wunderreich,
Da in den grünen Boden
Senkt' ich als Reiser euch.

Jetzt eure Wipfel schwanken
So kühle über mir,
Ich stehe in Gedanken
Gleichwie im Walde hier.

Da muß ich oft noch lauschen
In meiner Einsamkeit,
Und denk' bei eurem Rauschen
Der schönen Jugendzeit.

Der Kehraus.

Es fideln die Geigen,
Da tritt in den Reigen
Ein seltsamer Gast,
Kennt Keiner den Dürren,
Galant aus dem Schwirren
Die Braut er sich faßt.

Hebt an, sich zu schwenken
In allen Gelenken.
Das Fräulein im Kranz:
»Euch knacken die Beine –«
»Bald rasseln auch deine,
Frisch auf spielt zum Tanz!«

Die Spröde hinter'm Fächer,
Der Zecher vom Becher,
Der Dichter so lind,
Muß auch mit zum Tanze,
Daß die Lorbeern vom Kranze
Fliegen im Wind.

So schnurret der Reigen
Zum Saal 'raus in's Schweigen
Der prächtigen Nacht,
Die Klänge verwehen,
Die Hähne schon krähen,
Da verstieben sie sacht. –

So ging's schon vor Zeiten
Und geht es noch heute,
Und hörest du hell
Aufspielen zum Reigen,
Wer weiß, wem sie geigen –
Hüt' dich, Gesell!

Memento mori.

Schnapp' Austern, Ducaten,
Mußt dennoch sterben!
Dann tafeln die Maden
Und lachen die Erben.

Zu dieser Ausgabe

Eichendorffs lyrisches Werk enthält, um sogleich manch leichten Vorbehalt ins Positive zu wenden, keinesfalls nur einen schmalen Vorrat an Bildern und Motiven, sondern, wie das Werk aller Lyriker von einprägsamer Qualität, ein unverwechselbares und charakteristisches Sortiment an überschaubaren lyrischen Formeln, an stets wiederkehrenden Versatzstücken, an leicht erkennbaren Wendungen. Damit kommt seine Lyrik einer Eigenheit jener Musik nahe, die dem Hörer ins Ohr geht: Sie bedarf starker Aha-Effekte; ohne diese bleibt sie Identität schuldig, hat sie keine Chance beim Hörer. Das gilt für das Volkslied wie für den Schlager, für das Kunstlied nicht anders als für den großen Opernauftritt.

Das Leben am Klippenrand der leichten Wiedererkennbarkeit und Wiederholbarkeit, der Popularität und der Volkstümlichkeit ist gefährlich. Die Wirkungsgeschichte der Eichendorffschen Lyrik weiß davon ein Lied zu singen, ein Lied in des Wortes direkter Bedeutung. Da Eichendorff neben Goethe und Heine zu den meist vertonten Dichtern gehört, erwuchs seinen Gedichten eine doppelte Last der Banalisierung und Trivialisierung durch unentwegte Wiederholung und Popularisierung. Die Ehre, die die Komponisten seinen beliebten Gedichten in vieltausendfachen Kompositionen erwiesen, brachten in bester Volksliedtradition den Dichter hinter den Melodien zum Verschwinden. Nicht dieser Umstand an sich ist bedauerlich, sondern das damit verschwindende Bewusstsein von den Qualitäten der Texte, ihrer bedeutsamen Bildwelt und hohen literarischen Eigenständigkeit, die nicht alle Komponisten zu steigern wussten. Die meisten Kompositionen erreichten keineswegs die Qualität der Vertonungen von Felix Mendelssohn-Bartholdy, Robert Schumann, Hugo Wolf und Othmar Schoeck.

Die Zeiten der bürgerlichen Gesangsbewegungen, der Commersbuch-Tradition, der männerbündischen Gesangsvereine, der neuromantischen Wanderbewegung und des politischen Missbrauchs in den nationalsozialistischen Eichendorff-Feiern sind vorbei. Aber auch die Zeiten des gemeinschaftlichen Singens in den Lebenswirklichkeiten der Familie, des Hauses und der Schule sind vorbei. Sie haben sich spätestens ab 1945 grundlegend geändert und das mag man bedauern. Aber kein Verlust ist ohne Gewinn, denn mit dem Schwinden jener kollektiven Traditionen setzt auch die Wiederentdeckung – eigentlich Erstentdeckung – Eichendorffs als eines Bildmagiers von universeller Welterfahrung jenseits von deutscher Seele und Befindlichkeit und sentimental-romantischen Klischees ein.

Das für Eichendorff typische und wunderschöne um 1811/12 entstandene Gedicht ›Ich reise übers grüne Land‹ kann auf exemplarische Weise all die Bedeutungsverschiebungen und gegebenenfalls Bedeutungsverengungen und -verluste zeigen, denen Eichendorffs lyrisches Werk in Gänze ausgesetzt war. In der handschriftlichen Überlieferung trägt es den Titel ›Der Sänger‹ und ist ziemlich sicher als ein Einzelgedicht unabhängig von einem erzählerischen Kontext konzipiert. Jedenfalls gibt es keine Andeutung für eine derartige Absicht, und anscheinend fand sich bis zur Publizierung des Gedichts in der Ausgabe der Gedichte von 1837 – reichlich ein Vierteljahrhundert später – auch keine Verwendung in einem Prosatext. Andererseits wird jedoch eine Strophe – »Mein Herz ist recht von Diamant« – aus seinem Erzählzusammenhang in der 1834 erschienenen Novelle *Dichter und ihre Gesellen* (2. Kapitel) gelöst und als 4. Strophe in das Gedicht von 1811/12 eingereiht.

Neben dieser Erweiterung um eine Strophe ergibt sich für das Gedicht im Erstdruck eine zusätzliche, scheinbar unbedeutende Veränderung: Es verliert seinen Titel und wird als Nr. 3 in einen kleinen Zyklus mit dem Obertitel ›Der wandernde Musikant‹ eingestellt. Diese Zusammenbindung erscheint nicht unbedingt zwingend; sie stammt vermutlich von Adolf Schöll, einem von Eichendorff mit weitreichenden redaktionellen Vollmachten ausgestatteten Mitarbeiter. Die Einbindung der sechsteiligen Einheit in den Teil I der Gedichtausgabe mit dem Titel ›Wanderlieder‹ ist nicht minder zweifelhaft. Der Zyklus ›Der wandernde Musikant‹ wäre gut begründbar auch im Teil II mit dem Titel ›Sängerleben‹ der Ausgabe von 1837 platzierbar gewesen.

Durch den Zyklustitel ›Der wandernde Musikant‹ hat der ursprüngliche Titel ›Der Sänger‹ aber zweifellos eine Akzentuierung erhalten, die durch die Einordnung in Teil I nochmals unterstrichen wird. Von den beiden Professionen, die das Ich des Gedichts einer Art mittelalterlichem Verständnis nach besitzt, wird die Profession des Sängers zugunsten des Wanderers, des Reisenden etwas zurückgedrängt. Die Anlehnungen und Rückgriffe des frühen Eichendorff auf mittelalterliche Sujets (Minnesänger) und mittelhochdeutsche Sprachformen (Minne, Fraue) sind in diesem Gedicht ansonsten aber zugunsten eines unpreziös-schlichten und eigenständigen Tons vermieden. Vorbild ist nun nicht mehr die frühe Heidelberger Romantik um seinen Freund Otto Heinrich Graf von Loeben, sondern das *Wunderhorn* von Achim von Arnim und Clemens Brentano. Grün, Gold und Silber dominieren im Farbenspektrum des Gedichts, das uns einen frühen, aber gleichwohl vollendeten Eichendorff vorstellt.

Geht man in Fragen des Tons und der Themenpalette des Gedichts weiter ins Detail, sind sie im Sinne der Einordnung in die ›Wanderlieder‹ leicht auszumachen. Ein jugendlich anmutender Musikant macht sich an einem Frühlingsmorgen nach überstandener Winterpause auf die Reise, auf eine Wanderschaft durch eine prächtig glänzende Welt, die diesem frohgestimmten Gemüt herrlich zu Füßen liegt. Dem Ich des Gedichts gleich, das seinen Wanderschritt akzentuierend in die Saiten seiner Laute greift, hat der knapp 19–jährige Komponist Hans Engel als Absolvent des Realgymnasiums in München das Lied 1913 mit einer leicht singbaren, ins Ohr und vor allem in die Füße gehenden Melodie versehen. Man kann zu ihr und mit Eichendorffs Text im Munde wunderbar ausschreiten. (Wir vermeiden das bloßstellende Wort »marschieren« mit Absicht.) Ein frischer $^4/_4$ Takt lässt alle Trägheit vergessen und er lässt auch keine Pause und kein retardierendes Moment zu. Frisch, fromm, fröhlich und frei ziehen die Sänger mit dem Lied in die Welt hinaus.

Ich reise übers grüne Land

Ich rei - se ü - bers grü - ne Land, der
Win-ter ist ver - gan - gen; hab um den Hals ein
gül - den Band, dar - an die Lau - te han - gen.

Der Herausgeber dieses Buches – und vermutlich seine und die vorhergehende Generation – hat das Lied in der Weise von Hans Engel bei den einschlägigen Gelegenheiten von Wandertag und Klassenfahrt aus voller Kehl und frischer Brust mit seinen Mitschülern intoniert, und wenn es nicht mehr weitergehen wollte im Text – und spätestens nach der 5. oder 6. Strophe mangelte es an einer Textvorlage –, dann wechselte man eben zum Lied »Wem Gott will rechte Gunst erweisen, den schickt er in die weite Welt«. Unter »weiter Welt« war Mitte der 50er Jahre entschieden anderes als heute zu verstehen, wo man alle Ostern und Pfingsten einen Kurztrip in die exotischsten Zonen unserer Erde absolviert. Die weite Welt reichte für einen Schüler von damals kaum bis übers nächste Dorf hinaus, und wie weit das Gedicht in die Weite führt, bleibt und blieb bei aller »Singerei« stets unentschieden, weil ein Bewusstsein vom Ziel, vom Ende des Gedichts nie eingefordert wurde. Die Melodie des jungen Hans Engel wollte an den Einmarsch ins Nachtquartier ernstlich gar nicht gemahnen.

Über der Vorgabe eines allgemeinen Wanderns, wie es das gleichnamige Gedicht formuliert, hat die Melodie als eine sicher zeittypische Leseweise aber nicht nur die Frage nach dem Ziel oder zumindest nach der Wegweisung dieses Reiseliedes verdrängt, sondern es hat auch seinen Rhythmus entschieden negiert. Das Lied Eichendorffs besitzt einen doppelten Pulsschlag, der beim Dichter eher unüblich ist. Er mischt hier nämlich die Metren und mindert gegen die Gleichmacherei der Komposition, die nur die jambisch vierfache Akzentuierung beachtet, jeweils in den Zeilen zwei und vier den rhythmischen Schlag zu einer ungradzahligen dreifachen metrisch-jambischen Figur.

Dieser Doppelbödigkeit der konventionellen Volksliedstrophe, die am Ende jeder zweiten und vierten Zeile eine kleine Pause erzwingt, korrespondiert eine Doppelbödigkeit auf der inhaltlichen Ebene des Gedichts. Sie wird spätestens vor der letzten Strophe unüberhörbar, nachdem bereits ab der Strophe 7 das innere Tempo der Verse merklich gedrosselt ist. Hier kommt es nämlich endgültig zu einem Wechsel der Perspektive. Bis dahin ein Ich-Gedicht, wird es jetzt zu einem Gedicht, für das sich plötzlich so leicht kein Sprecher mehr benennen lässt und das die Melodie von Hans Engel, die man für die Eingangsstrophen noch gelten lassen mag, nicht annähernd mehr berührt. Ihr simplifizierender Duktus wird dem Ausruf »Glück auf!« (3. Strophe) und dem Imperativ »Mein Herz, bleib frei und munter!« (6. Strophe) vielleicht gerade noch gerecht, die beiden Interpunktionszeichen (!) der letzten Strophe überrennt die atemlos marschierende Melodie aber völlig. Sie bewirkt in ihrer Gedankenlosigkeit nicht nur eine Verschiebung, sondern einen völligen Verlust der Bedeutung dieser Stelle wie rückwirkend des ganzen Gedichts.

Der Augenblick auf der Schwelle der letzten Strophe, in dem das Ausrufezeichen – »Wie liegt all falsche Pracht so weit!« – den zitternden Umschlagspunkt von Zeit in Ewigkeit notiert, kommt einer Offenbarung gleich. Das Nachtquartier für den Wanderer am Ende seiner Tagesreise ist aus der Perspektive Gottes – sub specie aeternitatis – nicht nur als auf der Erde »tief unten« lokalisierbar, sondern in Verdoppelung und Intensivierung der Vokabel »tief unten« ist es auch die subtile Andeutung des Grabes. Das Reise- und Wanderlied wird ohne Hilfe traditioneller allegorisierender Einkleidungen zum Lied über die Vergänglichkeit und die Eitelkeit unseres irdischen Lebens schlechthin. Wie glänzend und jugendlich frisch es auch seine Fahrt antritt, wie stolz es im Mittag des Lebens imperativisch das Leben zu meistern gedenkt, es muss in demütig frommer Einsiedlerweise die herabsinkende Pracht der Nacht als einen Trost akzeptieren lernen, um seine Fahrt glücklich zu vollenden.

> Da ruh' ich aus vom Tages-Fest
> Fromm in der rothen Kühle.

Die Abendröte als Vorbote der ewigen Morgenröte: Mit trügerisch einfachen Liedtönen ist dieser Dimension von Eichendorffs Gedicht nicht beizukommen, das sich in seiner geistig-spirituellen Qualität als ein geradezu reifes Werk beweist. Es bestätigt auf diese Weise die öfter geäußerte Meinung, dass der Dichter nach einer kurzen Frühphase ein Poet ohne Entwicklung sei. Das ist ein Prädikat – kein Vorwurf.

Liest man das vermutlich 1839 entstandene und 1841 erstmals unter den ›Geistlichen Gedichten‹ gedruckte Gedicht ›Dank‹ parallel zu dem scheinbar so jugendfroh bewegten von 1811/12, so wird man die nämliche Figur in reduzierter und hier auf eine Gebetsformel konzentrierte Form wiedererkennen. Die lyrischen Bilder sind sich vergleichbar: Jugend, Frühling, Morgenrot, die Mittagshöhe und das Tagesende mit der hereinbrechenden Nacht. Hier wie dort erfolgt die eindrückliche Erinnerung an den »falschen Glanz«, an die »falsche Pracht« der Welt; der Gestus der Bescheidung ist dem 23–jährigen so vertraut wie dem 51–jährigen Dichter jenseits der Lebensmitte. Und weder in der Jugend noch im Alter treten seine Frömmigkeit, seine tiefe Religiosität selbstherrlich, siegessicher und triumphierend auf. Eichendorff ist zwar in allen seinen Gedichten demütig fromm, innig gläubig, aber nie eigentlich ein christlicher Dichter. Da kannte das 17. und 18. Jahrhundert überzeugendere Beispiele, und nach ihm kommen eher Muster mit glaubensfesteren Positionen.

Ein Blick auf die Schlusszeilen zeigt Eichendorffs durchaus nicht unerschütterliches Urvertrauen in die Güte und Allmacht des Schöpfers, dem er das Ich des Gedichts überantwortet. Es heißt eben nicht »Gott schützt dein Herz in Ewigkeit«, auch nicht »Gott, schütz sein Herz in Ewigkeit«, sondern sehr weich und aus tiefstem Innern in Art erlebter Rede gesprochen:

> Gott schütz dein Herz in Ewigkeit,
> Daß es nie traurig werde!

Gott möge, wolle, solle dich schützen, so es ihm gefalle, ja mit geradezu zitterndem Unterton, so es ihn gibt. Falls nicht, würde aller Lebensmut in böse Melancholie, in abgrundtiefe Traurigkeit, in ungläubige Trostlosigkeit stürzen. So wie hier, so findet sich allüberall in Eichendorffs Lyrik dieser zitternde Gestus von leiser Melancholie, von stiller Trauer über aller Heiterkeit, Gelassenheit und allem froh zur Schau gestellten Lebensmut. In seiner Verhaltenheit vermag Eichendorffs Wort sowohl den in abgrundtiefe Traurigkeit gefallenen Sinn zu erreichen, als auch den Geist aufgeklärten Bewusstseins. Seine Melancholie ist nicht schwarz, gallen-bitter, Eichendorffs Trauer mit Goldrand rettet aufhellend vor der Verzweiflung wie vor der Hybris unerschütterbaren Weltvertrauens. »Als flöge...«, »es war als hätt'...«, »Ach, wer da ... könnte«, »Es ist ... als wie« oder »Da wär's auf einmal still« – in solchen Wendungen formuliert sich Hoff-nung in der Möglichkeitsform, verbirgt Transzendentes sich im Heimweh nach einer Heimat, die nicht nur Lubowitz meint, einer unendlich fernen, von keiner Reise- und Wan-derlust erreichbaren Heimat, die nicht in der Weite, son-dern in symbolischer Tiefe zu finden ist.

Eichendorffs Verschlüsselungen, seine Rätselhaftigkeiten sind einfach, die Geheimnisse seiner Texte aber tief und unergründlich, und darin ist er einem Zeitgenossen, oder vielmehr sind sich zwei zeitgenössische Künstler gleich: der Magier Eichendorff, der die Welt mit seinem Zauberwort zum Singen bringt, und der Magier der romantischen Bilder schlechthin, Caspar David Friedrich, der das Klingen der Welt als Farben im Auge des Betrachters zum Leuchten bringt. Die Korrespondenzen zwischen den beiden sind so offensichtlich, dass es mehr als verwundern muss, wie wenig ihrer beider Verwandtschaft in Denken, Fühlen und Gestalten, in Kunstauffassung und Naturanschauung zum Thema gemacht wurde.

In jedem der Werke des Malergenies ist jene vorab für Eichendorff beschriebene Trauer zu spüren, ist jenes Heimweh, jene unaufdringliche Gläubigkeit, jene stille Hoffnung gebannt, gebannt in metaphysisch-tranzendenten Naturbildern, die selbst mit dem Kreuz im Zentrum wie Eichendorffs Gedichte nicht eigentlich christliche Kunst werden, weil in ihnen das Heil der Welt nur in der Behauptung vom Fremdsein in der Welt aufscheint, das am Ende des Tagesfestes der Tod gnädig aufheben möge. Einen Garanten für diese Aufhebung im Horizont des ewigen Morgenrots behauptet Eichendorff aber nur indirekt: sein unerschütterliches Beharren auf der Fröhlichkeit des Herzens postuliert erst die Rettung vor tiefer Traurigkeit in und durch Gott. Der frische Morgen vertreibt die verwirrenden Nachtgedanken. Das Morgenlied des Sängers ist Eichendorffs poetischer Gottesbeweis aus frohem Herzen und voller Kehl und frischer Brust.

Joseph Kiermeier-Debre

ALPHABETISCHES VERZEICHNIS
DER GEDICHTÜBERSCHRIFTEN UND GEDICHTANFÄNGE

Die vorliegende Auswahl von Eichendorffs Gedichten folgt den Ausgaben von 1837 (Gedichte: Duncker & Humblot) und 1841 (Werke. Erster Teil: Gedichte. M. Simion).

Hinsichtlich des Abdrucks der Fassungen, der Orthographie und der Interpunktion folgt unsere Ausgabe zeichengleich der Vorlage; in der Anordnung, Gruppierung und Reihung der Gedichte geht sie jedoch eigene Wege. Sie ist weder den historisch gewachsenen Anordnungen in Zyklen (Wanderlieder, Sängerleben, Zeitlieder etc.) verpflichtet noch einer zeitlichen Ordnung nach Entstehung und Erscheinen. Sie nimmt sich die Freiheit, die Gedichte in vielfältigen thematischen Gruppen weniger nach systematischen, sondern nach poetischen Kriterien zu einem Strauß zusammenzubinden.

Die Gedichtüberschriften sind »kursiv« gesetzt, die Gedichtanfänge »recte«. Die wenigen Gedichtüberschriften, die durch die Aufhebung der Anordnung nach Zyklen nicht durch die verwendeten Ausgaben bestätigt sind, werden durch eckige Klammern kenntlich gemacht. Die Zahlen in runden Klammern hinter den Titeln informieren unerachtet der in dieser Ausgabe wiedergegebenen Druckfassung über das Jahr des Erstdrucks.

269